ESSAI

SUR

LE PRINCIPE GÉNÉRATEUR

DES

CONSTITUTIONS POLITIQUES,

ET DES AUTRES INSTITUTIONS HUMAINES;

Par M. le comte de Maistre,

ANCIEN MINISTRE PLÉNIPOTENTIAIRE DE S. M. LE ROI DE SARDAIGNE PRÉS S. M. L'EMPEREUR DE RUSSIE,

AUTEUR DES CONSIDÉRATIONS SUR LA FRANCE.

> Enfants des hommes ! jusques à quand
> porterez-vous des cœurs assoupis ? quand
> cesserez-vous de courir après le mensonge
> et de vous passionner pour le néant !
> Ps. IV. 3.

LYON,

PELAGAUD ET LESNE,

IMPRIMEURS - LIBRAIRES DE N. S. P. LE PAPE.

Ancienne maison RUSAND.

1839

ESSAI

SUR

LE PRINCIPE GÉNÉRATEUR

DES CONSTITUTIONS POLITIQUES.

LYON, IMPR. DE J. B. PÉLAGAUD.

ESSAI

SUR

LE PRINCIPE GÉNÉRATEUR

DES

CONSTITUTIONS POLITIQUES

ET DES AUTRES INSTITUTIONS HUMAINES

PAR LE COMTE J. DEMAISTRE

> Enfants des hommes ! jusques à quand
> porterez-vous des cœurs assoupis ! quand
> cesserez-vous de courir après le mensonge
> et de vous passionner pour le néant !
> **Ps. IV. 3.**

LYON

J. B. PELAGAUD ET Cⁱᵉ

IMPRIMEURS DE LA LITURGIE DU DIOCÈSE

ANCIENNE MAISON RUSAND

PARIS. — POUSSIELGUE-RUSAND, LIBR., RUE DU PETIT-BOURBON

1852

AVERTISSEMENT DE L'ÉDITEUR.

Quiconque a voulu chercher la cause de cet esprit inquiet qui depuis plus de trente ans agite l'univers, a reconnu que les systèmes enfantés par la philosophie moderne ont déplacé ou détruit les véritables bases de la société.

En entretenant l'homme de ses droits prétendus, et en lui laissant ignorer une partie de ses premiers devoirs, de hardis novateurs ont flatté ses passions, lui ont inspiré des prétentions inouïes, et l'ont eu bien vite amené à révoquer en doute jusqu'à ces vérités précieuses que l'expérience de tous les siècles avait confirmées. Dès-lors tout a été problème, les lois les plus inviolables se sont évanouies, le gouvernement des états n'a plus eu de règle, l'harmonie politique s'est écroulée, et il a fallu recueillir dans le champ de la révolution les fruits trop multipliés des doctrines nouvelles.

Les législateurs les plus anciens avaient mis leurs lois sous la sauve-garde des dieux, ils avaient établi des cérémonies religieuses, ils avaient reconnu les principes constitutifs des états ; et si, dans ces temps reculés, tant de peuples ont successivement brillé et disparu, c'est qu'en s'appuyant sur des religions fausses et de peu de durée, ils ne pouvaient avoir une base solide.

L'établissement du Christianisme a rendu les révolutions moins fréquentes, et c'est à lui que nous devons le bonheur dont la France a joui pendant quatorze siècles. Si la Providence a permis que notre patrie éprouvât de si funestes catastrophes , c'est que nous nous étions éloignés des saintes maximes de nos ancêtres , et qu'elle a voulu nous rappeler, par cette terrible leçon, que, sans la religion, tout est erreur et calamité.

Cette vérité première d'où découlent toutes les autres a été développée par M. DE MAISTRE, avec autant de force que de logique, dans son livre ayant pour titre : *Essai sur le principe générateur des Constitutions politiques.* Déjà il l'avait établie dans ses *Considérations sur la France;* mais il a cru devoir en faire l'objet d'un traité séparé pour la rendre plus évidente encore, en la dégageant de toutes les circonstances particulières qui semblaient l'appliquer uniquement à la révolution française.

Ce second Ouvrage étant en quelque sorte le complément du premier, dont nous venons de donner une nouvelle édition, nous ne pouvons nous refuser à la réimprimer également sur du papier pareil, avec les mêmes caractères et dans le même format que les autres œuvres de M. DE MAISTRE, afin de répondre aux demandes des personnes qui désirent en faire la collection.

PRÉFACE.

—

La politique, qui est peut-être la plus épineuse des sciences, à raison de la difficulté toujours renaissante de discerner ce qu'il y a de stable ou de mobile dans ses éléments, présente un phénomène bien étrange et bien propre à faire trembler tout homme sage appelé à l'administration des Etats : c'est que tout ce que le bon sens aperçoit d'abord dans cette science comme une vérité évidente, se trouve presque toujours, lorsque l'expérience a parlé, non-seulement faux, mais funeste.

A commencer par les bases, si jamais on

n'avait ouï parler de gouvernements, et que les hommes fussent appelés à délibérer, par exemple, sur la monarchie héréditaire ou élective, on regarderait justement comme un insensé celui qui se déterminerait pour la première. Les arguments contre elle se présentent si naturellement à la raison, qu'il est inutile de les rappeler.

L'histoire cependant, qui est la politique expérimentale, démontre que la monarchie héréditaire est le gouvernement le plus stable, le plus heureux, le plus naturel à l'homme, et la monarchie élective, au contraire, la pire espèce des gouvernements connus.

En fait de population, de commerce, de lois prohibitives, et de mille autres sujets importants, on trouve presque toujours la théorie la plus plausible contredite et annulée par l'expérience. Citons quelques exemples.

Comment faut-il s'y prendre pour rendre

un état puissant ? « Il faut avant tout favoriser
« la population par tous les moyens possi-
« bles. » Au contraire, toute loi tendant directement à favoriser la population, sans
égard à d'autres considérations, est mauvaise.
Il faut même tâcher d'établir dans l'Etat une
certaine force morale qui tende à diminuer
le nombre des mariages, et à les rendre
moins hâtifs. L'avantage des naissances sur
les morts établi par les tables, ne prouve
ordinairement que le nombre des miséra-
bles, tc., etc. Les économistes français
avaient ébauché la démonstration de ces vérités, le beau travail de M. *Malthus* est venu
l'achever.

*Comment faut-il prévenir les disettes et
les famines?* — « Rien de plus simple. Il faut
« défendre l'exportation des grains. » —
Au contraire, il faut accorder une prime à
ceux qui les exportent. L'exemple et l'auto-

rité de l'Angleterre nous ont forcés d'*en-gloutir* ce paradoxe.

Comment faut-il soutenir le change en faveur d'un pays. — « Il faut sans doute « empêcher le numéraire de sortir ; et, par « conséquent, veiller par de fortes lois pro-« hibitives à ce que l'Etat n'achète pas plus « qu'il ne vend. » Au contraire, jamais on n'a employé ces moyens sans faire baisser le change, ou, ce qui revient au même, sans augmenter la dette de la nation ; et jamais on ne prendra une route opposée sans le faire hausser, c'est-à-dire, sans prouver aux yeux que la créance de la nation sur ses voisins, s'est accrue, etc., etc.

Mais c'est dans ce que la politique a de plus substantiel et de plus fondamental, je veux dire dans la constitution même des em-pires, que l'observation dont il s'agit revient le plus souvent. J'entends dire que les philosophes allemands ont inventé le mot *méta-politique* pour être à celui de *politique* ce que le mot *métaphysique* est à celui de *physique.* Il semble que cette nouvelle expression est fort bien inventée pour exprimer la *métaphy-sique de la politique ;* car il y en a une, et cette science mérite toute l'attention des observateurs.

Un écrivain anonyme qui s'occupait beau-coup de ces sortes de spéculations, et qui cherchait à sonder les fondements cachés de l'édifice social, se croyait en droit, il y a près de vingt ans, d'avancer, comme autant d'axiomes incontestables, les propositions suivantes diamétralement opposées aux théo-ries du temps.

1° Aucune constitution ne résulte d'une dé-libération : les droits du peuple ne sont ja-mais écrits, ou ils ne le sont que comme de simples déclarations de droits antérieurs non écrits.

2° L'action humaine est circonscrite dans ces sortes de cas, au point que les hommes qui agissent ne sont que des circonstances.

3° Les droits des peuples proprement dits, partent presque toujours de la concession des souverains, et alors il peut en conster historiquement : mais les droits du souverain et de l'aristocratie n'ont ni date ni auteurs connus.

4° Ces concessions même ont toujours été précédées par un état de choses qui les a nécessitées et qui ne dépendait pas du souverain.

5° Quoique les lois écrites ne soient jamais que des déclarations de droits antérieurs, il s'en faut de beaucoup cependant que tous ces droits puissent être écrits.

6° Plus on écrit, et plus l'institution est faible.

7° Nulle nation ne peut se donner la liberté, si elle ne l'a pas (1) ; l'influence humaine ne s'étendant pas au-delà du développement des droits existants.

8° Les législateurs proprement dits sont des hommes extraordinaires qui n'appartiennent peut-être qu'au monde antique et à la jeunesse des nations.

9° Ces législateurs, même avec leur puissance merveilleuse, n'ont jamais fait que rassembler des éléments préexistants, et toujours ils ont agi au nom de la Divinité.

10° La liberté, dans un sens, est un don des Rois ; car presque toutes les nations libres furent constituées par des Rois (2).

(1) Machiavel est appelé ici en témoignage : *Un populo uso a vivere sotto un principe, se per qualche accidente diventa libero, con difficoltà mantiene la libertà.* Disc. sopr. Tit. Liv. I, cap. XVI.

(2) Ceci doit être pris en grande considération dans les monarchies modernes. Comme toutes légitimes et saintes franchises de ce genre doivent partir du souverain, tout ce qui lui est arraché par la force est frappé d'ana-

11° Jamais il n'exista de nation libre qui n'eût dans sa constitution naturelle des germes de liberté aussi anciens qu'elle; et jamais nation ne tenta efficacement de développer par ses lois fondamentales écrites d'autres droits que ceux qui existaient dans sa constitution naturelle.

12° Une assemblée quelconque d'hommes ne peut constituer une nation. Une entreprise de ce genre doit même obtenir une place parmi les actes de folie les plus mémorables (1).

thème. *Ecrire une loi*, disait très bien Démosthène, *ce n'est rien : c'est LE FAIRE VOULOIR qui est tout.* (Olynt. III.) Mais si cela est vrai du souverain à l'égard du peuple, que dirons-nous d'une *nation ;* c'est-à-dire, pour employer les termes les plus doux, d'une poignée de théoristes échauffés qui proposeraient une constitution à un souverain légitime, comme on propose une capitulation à un général assiégé? Tout cela serait indécent, absurde, et surtout nul.

(1) Machiavel est encore cité ici : *E necessario che uno sia quello che dia il modo e della cui mente di-*

Il ne paraît pas que, depuis l'année 1796, date de la première édition du livre que nous citons (1), il se soit passé dans le monde rien qui ait pu amener l'auteur à se repentir de sa théorie. Nous croyons au contraire que, dans ce moment, il peut être utile de la développer pleinement et de la suivre dans toutes ses conséquences, dont l'une des plus importantes, sans doute, est celle qui se trouve énoncée en ces termes au chapitre X du même ouvrage.

L'homme ne peut faire de souverain. Tout au plus, il peut servir d'instrument pour déposséder un souverain et livrer ses états à un autre souverain déjà prince..... « *Du reste, il n'a jamais existé de famille souveraine dont on puisse assigner l'origine plé-*

penda qualunque simile ordinazione. Disc. sopr. Tit. Liv., lib. I, cap. IV.

(1) Considérations sur la France, chap. IV.

béienne. Si ce phénomène paraissait, ce serait une époque du monde (1). »

On peut réfléchir sur cette thèse, que la *censure divine* vient d'approuver d'une manière assez solennelle. Mais qui sait si l'ignorante légèreté de notre âge ne dira pas sérieusement : *S'il l'avait voulu, il serait encore à sa place ?* comme elle le répète encore après deux siècles : *Si Richard Cromwel avait eu le génie de son père, il aurait fixé le protectorat dans sa famille ;* ce qui revient précisément à dire : *Si cette famille n'avait pas cessé de régner, elle régnerait encore.*

Il est écrit : C'EST MOI QUI FAIS LES SOUVERAINS (2). Ceci n'est point une phrase d'église, une métaphore de prédicateur ; c'est la vérité littérale, simple et pal-

----

(1) Considérations sur la France, chap. X, § III.

(2) *Per me Reges regnant.* Prov. VIII. 15.

pable. C'est une loi du monde politique. Dieu *fait* les Rois, au pied de la lettre. Il prépare les races royales; il les mûrit au milieu d'un nuage qui cache leur origine. Elles paraissent ensuite *couronnées de gloire et d'honneur;* elles se placent; et voici le plus grand signe de leur légitimité.

C'est qu'elles s'avancent comme d'elles-mêmes, sans violence d'une part, et sans délibération marquée de l'autre : c'est une espèce de tranquillité magnifique qu'il n'es^t pas aisé d'exprimer. *Usurpation légitime* me semblerait l'expression propre (si elle n'était point trop hardie) pour caractériser ces sortes d'origines que le temps se hâte de consacrer.

Qu'on ne se laisse donc point éblouir par les plus belles apparences humaines. Qui jamais en rassembla davantage que le personnage extraordinaire dont la chute retentit encore dans toute l'Europe? Vit-on jamais de souveraineté en apparence si affermie, une plus grande réunion de moyens, un homme plus puissant, plus actif, plus redoutable ? Longtemps nous le vîmes fouler aux pieds vingt nations muettes et glacées d'effroi; et son pouvoir enfin avait jeté certaines racines qui pouvaient *désespérer l'espérance.* — Cependant il est tombé, et si bas, que la pitié qui le contemple, recule, de peur d'en être *touchée.* On peut, au reste, observer ici en passant que, par une raison *un peu* différente, il est devenu également difficile de parler de cet homme, et de l'auguste rival qui en a débarrassé le monde. L'un échappe à l'insulte, et l'autre à la louange. — Mais revenons.

Dans un ouvrage connu seulement d'un petit nombre de personnes à Saint-Pétersbourg, l'auteur écrivait en l'année 1810 :

« *Lorsque deux partis se heurtent dans une révolution, si l'on voit tomber d'un côté des victimes précieuses, on peut gager que ce parti finira par l'emporter, malgré toutes les apparences contraires. »*

C'est encore là une assertion dont la vérité vient d'être justifiée de la manière la plus éclatante et la moins prévue. L'ordre moral a ses lois comme le physique, et la recherche de ces lois est tout-à-fait digne d'occuper les méditations du véritable philosophe. Après un siècle entier de futilités criminelles, il est temps de nous rappeler ce que nous sommes, et de faire remonter toute science à sa source. C'est ce qui a déterminé l'auteur de cet opuscule à lui permettre de s'évader du porte-feuille timide qui le retenait depuis cinq ans. On en laisse subsister la date, et on le donne mot à mot tel qu'il fut écrit à cette époque. L'amitié a provoqué cette publication, et c'est peut-être tant pis pour l'auteur ; car la bonne dame est, dans certaines occasions,

tout aussi aveugle que son frère. Quoi qu'il
en soit, l'esprit qui a dicté l'ouvrage jouit
d'un privilége connu : il peut sans doute se
tromper quelquefois sur des points indiffé-
rents, il peut exagérer ou parler trop haut; il
peut enfin offenser la langue ou le goût, et
dans ce cas, tant mieux pour les malins, *si
par hasard il s'en trouve;* mais toujours il
lui restera l'espoir le mieux fondé de ne choquer personne, puisqu'il aime tout le monde;
et, de plus, la certitude parfaite d'intéresser
une classe d'hommes assez nombreuse et très
estimable, sans pouvoir jamais nuire à un
seul : cette *foi* est tout-à-fait tranquillisante.

ESSAI

sur

LE PRINCIPE GÉNÉRATEUR

DES CONSTITUTIONS POLITIQUES

ET DES AUTRES INSTITUTIONS HUMAINES.

———

I. Une des grandes erreurs d'un siècle qui les professa toutes, fut de croire qu'une constitution politique pouvait être écrite et créée *à priori*, tandis que la raison et l'expérience se réunissent pour établir qu'une constitution est une œuvre divine, et que ce qu'il y a précisément de plus fondamental et de plus essentiellement constitutionnel dans les lois d'une nation ne saurait être écrit.

II. On a cru souvent faire une excellente plaisanterie aux Français en leur demandant *dans quel livre était écrite la loi salique?* mais Jerôme Bignon répondait fort à propos, et très probablement sans savoir à quel point il avait raison, *qu'elle était écrite ÈS cœurs des Français*. En effet, supposons qu'une loi de cette importance n'existe que parce qu'elle est écrite, il est certain que l'autorité quelconque qui l'aura écrite, aura le droit de l'effacer ; la loi n'aura donc pas ce caractère de sainteté et d'immuabilité qui distingue les lois véritablement constitutionnelles. L'essence d'une loi fondamentale est que personne n'ait le droit de l'abolir : or, comment sera-t-elle au-dessus de *tous*, si *quelqu'un* l'a faite ? L'accord du peuple est impossible ; et, quand il en serait autrement, un accord n'est point une loi, et n'oblige personne, à moins qu'il n'y ait une autorité supérieure qui le garantisse. *Locke* a cherché le caractère de la loi dans l'expression des volontés réunies ; il faut être heureux pour rencontrer ainsi le caractère qui exclut précisément l'idée de *loi*. En effet, les volontés réunies forment le *réglement* et non la *loi*, laquelle suppose nécessairement et manifestement une volonté supérieure qui se fait obéir (1). « Dans le système de Hobbes »

(1) « L'homme dans l'état de nature n'avait que des « droits.... En entrant dans la société, je renonce à ma

(le même qui a fait tant de fortune dans notre siècle sous la plume de Locke), « la « force des lois civiles ne porte que sur une « convention ; mais s'il n'y a point de loi « naturelle qui ordonne d'exécuter les lois « qu'on a faites, de quoi servent-elles ? « Les promesses, les engagements, les ser- « ments ne sont que des paroles : il est aussi « aisé de rompre ce lien frivole, que de le « former. Sans le dogme d'un Dieu législa- « teur, toute obligation morale est chiméri- « que. Force d'un côté, impuissance de « l'autre, voilà tout le lien des sociétés hu- « maines (1). »

Ce qu'un sage et profond théologien a dit ici de l'obligation morale, s'applique avec une égale vérité à l'obligation politique ou civile. La loi n'est proprement *loi*, et ne possède une véritable sanction qu'en la sup-

---

« volonté particulière pour me conformer à la loi, *qui* « *est la volonté générale.* » — Le *Spectateur français* (t. I, p. 194) s'est justement moqué de cette définition ; mais il pouvait observer de plus qu'elle appartient au siècle, et surtout à Locke, qui a ouvert ce siècle d'une manière si funeste.

(1) Bergier, Traité hist. et dogm. de la Relig., in-8°, tom. III, chap. IV, § 12, pages 330, 331. (D'après Tertull. *Apol.* 45.)

1.

posant émanée d'une volonté supérieure; en
sorte que son caractère essentiel est *de n'être
pas la volonté de tous*. Autrement les lois
ne seront, comme on vient de le dire, *que
des réglements;* et, comme le dit encore
l'auteur cité tout à l'heure, « ceux qui ont
« eu la liberté de faire ces conventions, ne
« se sont pas ôté le pouvoir de les révoquer;
« et leurs descendants, qui n'y ont eu au-
« cune part, sont encore moins tenus de
« les observer (1). » De là vient que le bon
sens primordial, heureusement antérieur aux
sophismes, a cherché de tous côtés la sanction des lois dans une puissance au-dessus de
l'homme, soit en reconnaissant que la souveraineté vient de Dieu, soit en révérant certaines lois non écrites, comme venant de
lui.

III. Les rédacteurs des lois romaines ont
jeté, sans prétention, dans le premier cha-
pire de leur collection, un fragment de ju-
risprudence grecque bien remarquable.
Parmi les lois qui nous gouvernent, dit ce
passage, *les unes sont écrites et les autres ne*

____

(1) Bergier, Traité historique et dogmatique de la Religion, in-8°, tome III, chap. IV, § XII, pages 330, 331.
(D'après Tertullien, *Apol.* 45.)

le sont pas. Rien de plus simple et rien de plus profond. Connaît-on quelque loi turque qui permette expressément au souverain d'envoyer immédiatement un homme à la mort, sans la décision intermédiaire d'un tribunal ? Connaît-on quelque loi *écrite*, même religieuse, qui le défende aux souverains de l'Europe chrétienne (1) ? Cependant le turc n'est pas plus surpris de voir son maître ordonner immédiatement la mort d'un homme, que de le voir aller à la mosquée. Il croit, avec toute l'Asie, et même avec toute l'antiquité, que le droit de mort exercé immédiatement est un apanage légitime de la souveraineté. Mais nos princes frémiraient à la seule idée de condamner un homme à mort ; car, selon notre manière de voir, cette condamnation serait un meurtre abominable : et cependant je doute qu'il

(1) *L'Eglise défend à ses enfants, encore plus fortement que les lois civiles, de se faire justice à eux-mêmes ; et c'est par son esprit que les rois chrétiens ne se la font pas, dans les crimes mêmes de lèse-majesté au premier chef, et qu'ils remettent les criminels entre les mains des juges pour les faire punir selon les lois et dans les formes de la justice.* (Pascal, XIVe Lettre Prov.) Ce passage est très important et devrait se trouver ailleurs.

fût possible de le leur défendre par une loi fondamentale écrite, sans amener des maux plus grands que ceux qu'on aurait voulu prévenir.

IV. Demandez à l'histoire romaine quel était précisément le pouvoir du sénat; elle demeurera muette, du moins quant aux limites précises de ce pouvoir. On voit bien en général que celui du peuple et celui du sénat se balançaient mutuellement, et ne cessaient de se combattre; on voit bien que le patriotisme ou la lassitude, la faiblesse ou la violence terminaient ces luttes dangereuses, mais nous n'en savons pas davantage (1). En assistant à ces grandes scènes de l'histoire, on se sent quelquefois tenté de croire que les choses seraient allées beaucoup mieux s'il y avait eu des lois précises pour circonscrire les pouvoirs; mais ce serait une grande erreur : de pareilles lois, toujours compromises par

(1) J'ai souvent réfléchi sur ce passage de Cicéron (*De Leg.* II, 6.) : *Leges Liviæ præsertim uno versiculo senatûs puncto temporis sublatæ sunt.* De quel droit le sénat prenait-il cette liberté? et comment le peuple le laissait-il faire? Il n'est sûrement pas aisé de répondre : mais de quoi peut-on s'étonner dans ce genre, puisqu'après tout ce qu'on a écrit sur l'histoire et sur les antiquités romaines, il a fallu de nos jours écrire des dissertations pour savoir comment le sénat se recrutait?

des cas inattendus et des exceptions forcées, n'auraient pas duré six mois, ou elles auraient renversé la république.

V. La constitution anglaise est un exemple plus près de nous, et par conséquent plus frappant. Qu'on l'examine avec attention : on verra *qu'elle ne va qu'en n'allant pas* (si ce jeu de mots est permis). Elle ne se soutient que par les exceptions. *L'habeas corpus*, par exemple, a été si souvent et si longtemps suspendu, qu'on a pu douter si l'exception n'était pas devenue règle. Supposons un instant que les auteurs de ce fameux acte eussent eu la prétention de fixer les cas où il pourrait être suspendu, ils l'auraient anéanti par le fait.

VI. Dans la séance de la chambre des communes du 26 juin 1807, un lord cita l'autorité d'un grand homme d'état pour établir *que le Roi n'a pas le droit de dissoudre le parlement pendant la session;* mais cette opinion fut contredite. Où est la loi ? Essayez de la faire, et de fixer exclusivement *par écrit* le cas où le Roi a ce droit; vous amènerez une révolution. *Le Roi*, dit alors l'un des membres, *a ce droit lorsque l'occasion est importante;* mais qu'est-ce qu'une occa-

sion *importante?* Essayez encore de le décider par écrit.

VII. Mais voici quelque chose de plus singulier. Tout le monde se rappelle la grande
question agitée avec tant de chaleur en Angleterre en l'année 1806 : il s'agissait de savoir
*si la cumulation d'un emploi de judicature
avec une place de membre du conseil privé
s'accordait ou non avec les principes de la
constitution anglaise ;* dans la séance de cette
même chambre des communes du 3 mars,
un membre observa *que l'Angleterre est gou-
vernée par un corps* (le conseil privé) *que la
constitution ignore* (1). *Seulement,* ajouta-
t-il, *elle le laisse faire* (2).

Voilà donc chez cette sage et justement
fameuse Angleterre un corps qui gouverne et
fait tout dans le vrai, mais *que la constitution ne connaît pas.* Delolme a oublié ce
trait, que je pourrais appuyer de plusieurs
autres.

(1) *Thys country is governed by a body not known
by Legislature.*

(2) *Connived at.* V. le *London-Chronicle* du 4 mars
1806. Observez que ce mot de *Legislature,* renfermant
les trois pouvoirs, il suit de cette assertion que le Roi
même *ignore le conseil privé.* — Je crois cependant
qu'il s'en doute.

Après cela, qu'on vienne nous parler de constitutions écrites et de lois constitutionnelles faites *à priori*. On ne conçoit pas comment un homme sensé peut rêver la possibilité d'une pareille chimère. Si l'on s'avisait de faire une loi en Angleterre pour donner une existence constitutionnelle au conseil privé, et pour régler ensuite et circonscrire rigoureusement ses priviléges et ses attributions, avec les précautions nécessaires pour limiter son influence et l'empêcher d'en abuser, on renverserait l'état.

La véritable *constitution anglaise* est cet esprit public, admirable, unique, infaillible, au-dessus de tout éloge, qui mène tout, qui sauve tout. — Ce qui est écrit n'est rien (1).

VIII. On jeta les hauts cris, sur la fin du siècle dernier, contre un ministre qui avait conçu le projet d'introduire cette même constitution anglaise (ou ce qu'on appelait de ce nom) dans un royaume en convulsion

______

(1) *Cette constitution turbulente*, dit Hume, *toujours flottante entre la prérogative et le privilége, présente une foule d'autorités pour et contre.* (Hist. d'Angl., Jacques Ier, chap. XLVII, ann. 1621.) Hume, en disant ainsi la vérité, ne manque point de respect à son pays; il dit ce qui est et ce qui doit être.

qui en demandait une quelconque avec une espèce de fureur. Il eut tort, si l'on veut, autant du moins qu'on peut avoir tort lors. qu'on est de bonne foi ; ce qu'il est bien permis de supposer, et ce que je crois de tout mon cœur. Mais qui donc avait droit de le condamner ? *Vel duo, vel nemo*. Il ne déclarait pas vouloir rien détruire de son chef, il voulait seulement, disait-il, substituer une chose qui lui paraissait raisonnable, à une autre dont on ne voulait plus, et qui même par le fait n'existait plus. Si l'on suppose d'ailleurs le principe comme posé (et il l'était en effet), *que l'homme peut créer une constitution*, ce ministre (qui était certainement un homme) avait droit de faire la sienne tout comme un autre, et plus qu'un autre. Les doctrines sur ce point étaient-elles douteuses ? Ne croyait-on pas de tout côté qu'une constitution est un ouvrage d'esprit comme une ode ou une tragédie ? *Thomas Payne* n'avait-il pas déclaré avec une profondeur qui ravissait les universités, *qu'une constitution n'existe pas tant qu'on ne peut la mettre dans sa poche* ? Le dix-huitième siècle, qui ne s'est douté de rien, n'a douté de rien : c'est la règle ; et je ne crois pas qu'il ait produit un seul jouvenceau de quelque talent qui n'ait fait trois choses au sortir du collége : une *néopédie*, une constitution et un monde. Si donc un homme, dans la maturité de l'âge et du talent, profondément versé dans les sciences économiques et dans la philosophie du temps, n'avait entrepris que la seconde de ces choses seulement, je l'aurais trouvé déjà excessivement modéré ; mais j'avoue qu'il me paraît un véritable prodige de sagesse et de modestie lorsque je le vois, mettant (au moins comme il le croyait) l'expérience à la place des folles théories, demander respectueusement une constitution aux Anglais, au lieu de la faire lui-même. On dira : *Cela même n'était pas possible.* Je le sais, mais il ne le savait pas : et comment l'aurait-il su? Qu'on me nomme celui qui le lui avait dit.

IX. Plus on examinera le jeu de l'action humaine dans la formation des constitutions politiques, et plus on se convaincra qu'elle n'y entre que d'une manière infiniment subordonnée, ou comme simple instrument; et je ne crois pas qu'il reste le moindre doute sur l'incontestable vérité des propositions suivantes :

1. Que les racines des constitutions politiques existent avant toute loi écrite;

2. Qu'une loi constitutionnelle n'est et ne peut être que le développement ou la sanction d'un droit préexistant et non écrit;

3. Que ce qu'il y a de plus essentiel, de plus intrinsèquement constitutionnel, et de véritablement fondamental, n'est jamais écrit, et même ne saurait l'être, sans exposer l'état;

4. Que la faiblesse et la fragilité d'une constitution sont précisément en raison directe de la multiplicité des articles constitutionnels écrits (1).

X. Nous sommes trompés sur ce point par un sophisme si naturel, qu'il échappe entièrement à notre attention. Parce que l'homme agit, il croit agir seul, et parce qu'il a la conscience de sa liberté, il oublie sa dépendance. Dans l'ordre physique il entend raison; et quoiqu'il puisse, par exemple, planter un gland, l'arroser, etc., cependant il est capable de convenir qu'il ne fait pas des chênes, parce qu'il voit l'arbre croître et se perfec-

----

(1) Ce qui peut servir de commentaire au mot célèbre de Tacite : *Pessimæ Reipublicæ plurimæ Leges.*

tionner sans que le pouvoir humain s'en mêle, et que d'ailleurs il n'a pas fait le gland; mais dans l'ordre social, où il est présent et agent, il se met à croire qu'il est réellement l'auteur direct de tout ce qui se fait par lui : c'est, dans un sens, la truelle qui se croit architecte. L'homme est intelligent, il est libre, il est sublime, sans doute; mais il n'en est pas moins un *outil de Dieu*, suivant l'heureuse expression de Plutarque dans un beau passage qui vient de lui-même se placer ici.

Il ne faut pas s'esmerveiller, dit-il, *si les plus belles et les plus grandes choses du monde se font par la volonté et providence de 'Dieu, attendu que, en toutes les plus grandes et principales parties du monde, il y a une ame; car l'organe et util de l'ame, c'est le corps, et l'ame est* L'UTIL DE DIEU. *Et comme le corps a de soy plusieurs mouvements, et que la pluspart, mesmement les plus nobles, il les a de l'ame, aussy l'ame ne faict, ne plus, ne moins, auscunes de ses operations, estant meuë d'elle-mesme; ès autres, elle se laisse manier, dresser et tourner à Dieu, comme il lui plaist; estant le plus bel organe et le plus adroist util qui sçauroit estre : car ce seroit chose estrange que le vent, les nuées et les pluyes fussent instru ments de Dieu, avec lesquels il nourrit et entretient plusieurs creatures, et en perd aussy et deffaict plusieurs austres, et qu'il ne se servist nullement des animaux à faire pas une de ses œuvres. Ains est beaucoup plus vray-semblable, attendu qu'ils dependent totalement de la puissance de Dieu, qu'ils servent à tous les mouvements et secondent toutes les volontés de Dieu, plus-tost que les arcs ne s'accommodent aux Scythes, les lyres aux Grecs ne les haubois* (1).

On ne saurait mieux dire ; et je ne crois pas que ces belles réflexions trouvent nulle part d'application plus juste que dans la formation des constitutions politiques, où l'on peut dire, avec une égale vérité, que l'homme fait tout et ne fait rien.

XI. S'il y a quelque chose de connu, c'est la comparaison de Cicéron au sujet du système d'Epicure, qui voulait bâtir un monde avec les atomes tombant au hasard dans le vide. *On me ferait plutôt croire*, disait le grand orateur, *que des lettres jetées en l'air*

---

(1) Plutarque, *Banquet des sept Sages*, traduction d'Amyot.

pourraient s'arranger, en tombant, de manière à former un poème. Des milliers de bouches ont répété et célébré cette pensée ; je ne vois pas cependant que personne ait songé à lui donner le complément qui lui manque. Supposons que des caractères d'imprimerie jetés à pleines mains du haut d'une tour viennent former à terre l'*Athalie* de Racine, qu'en résultera-t-il ? *Qu'une intelligence a présidé à la chute et à l'arrangement des caractères.* Le bon sens ne conclura jamais autrement.

XII. Considérons maintenant une constitution politique quelconque, celle de l'Angleterre, par exemple. Certainement elle n'a pas été faite *à priori.* Jamais des hommes d'état ne se sont assemblés et n'ont dit : *Créons trois pouvoirs ; balançons-les de telle manière,* etc.; personne n'y a pensé. La constitution est l'ouvrage des circonstances, et le nombre de ces circonstances est infini. Les lois romaines, les lois ecclésiastiques, les lois féodales ; les coutumes saxonnes, normandes et danoises ; les priviléges, les préjugés et les prétentions de tous les ordres ; les guerres, les révoltes, les révolutions, la conquête, les croisades ; toutes les vertus, tous les vices, toutes les connaissances, toutes les erreurs, toutes les passions; tous ces éléments, enfin, agissant ensemble, et formant par leur mélange et leur action réciproque des combinaisons multipliées par myriades de millions, ont produit enfin, après plusieurs siècles, l'unité la plus compliquée et le plus bel équilibre de forces politiques qu'on ait jamais vu dans le monde (1).

XIII. Or, puisque ces élémens, ainsi projetés dans l'espace, se sont arrangés en si bel ordre, sans que, parmi cette foule innombrable d'hommes qui ont agi dans ce vaste champ, un seul ait jamais su ce qu'il faisait par rapport au tout, ni prévu ce qui devait arriver, il s'ensuit que ces éléments étaient guidés dans leur chute par une main infaillible, supérieure à l'homme. La plus

---

(1) Tacite croyait que cette forme de gouvernement ne serait jamais qu'une théorie idéale ou une expérience passagère. « Le meilleur de tous les gouvernements, » dit-il (d'après Cicéron, comme on sait), « serait celui « qui résulterait du mélange des trois pouvoirs balancés « l'un par l'autre; *mais ce gouvernement n'existera « jamais ; ou, s'il se montre, il ne durera pas.* » (Annal. IV, 33.) Le bon sens anglais peut cependant le faire durer bien plus longtemps qu'on ne pourrait l'imaginer, en subordonnant sans cesse, mais plus ou moins, la théorie, ou ce qu'on appelle *les principes*, aux leçons de l'expérience et de la modération : ce qui serait impossible, si les *principes* étaient écrits.

grande folie, peut-être, du siècle des folies, fut de croire que les lois fondamentales pouvaient être écrites *à priori ;* tandis qu'elles sont évidemment l'ouvrage d'une force supérieure à l'homme ; et que l'écriture même, très postérieure, est pour elle le plus grand signe de nullité.

XIV. Il est bien remarquable que Dieu, ayant daigné parler aux hommes, a manifesté lui-même ces vérités dans les deux révélations que nous tenons de sa bonté. Un très habile homme qui a fait, à mon avis, une sorte d'époque dans notre siècle, à raison du combat à outrance qu'il nous montre dans ses écrits entre les préjugés les plus terribles de siècle, de secte, d'habitudes, etc., et les intentions les plus pures, les mouvements du cœur le plus droit, les connaissances les plus précieuses ; cet habile homme, dis-je, a décidé « *qu'une instruction venant immédiatement de Dieu, ou donnée seulement par ses ordres,* DEVAIT *premièrement certifier aux hommes l'existence de cet* ÊTRE. » C'est précisément le contraire ; car le premier caractère de cette instruction est de ne révéler directement ni l'existence de Dieu, ni ses attributs ; mais de supposer le tout antérieurement connu, sans qu'on sache ni pourquoi, ni comment. Ainsi elle ne dit point : *Il n'y a*, ou *vous ne croirez qu'un seul Dieu éternel, tout-puissant*, etc., elle dit (et c'est son premier mot), sous une forme purement narrative : *Au commencement Dieu créa*, etc.; par où elle suppose que le dogme est connu avant l'Ecriture.

XV. Passons au christianisme, qui est la plus grande de toutes les institutions imaginables, puisqu'elle est toute divine, et qu'elle est faite pour tous les hommes et pour tous les siècles. Nous la trouverons soumise à la loi générale. Certes, son divin auteur était bien le maître d'écrire lui-même ou de faire écrire; cependant il n'a fait ni l'un ni l'autre, du moins en forme législative. Le Nouveau-Testament, postérieur à la mort du législateur, et même à l'établissement de sa religion, présente une narration, des avertissements, des préceptes moraux, des exhortations, des ordres, des menaces, etc., mais nullement un recueil de dogmes énoncés en forme impérative. Les évangélistes, en racontant cette dernière *cène* où Dieu nous aima JUSQU'A LA FIN, avaient là une belle occasion de commander par écrit à notre croyance; ils se gardent cependant de déclarer ni d'ordonner rien. On lit bien dans leur admirable histoire : *Allez, enseignez;* mais point du tout : *Enseignez ceci ou cela.* Si le dogme se présente sous la plume de l'historien sacré, il l'énonce simplement comme une chose antérieurement connue (1). Les symboles qui parurent depuis sont des professions de foi pour se reconnaître, ou pour contredire les erreurs du moment. On y lit : *Nous croyons;* jamais *vous croirez.* Nous les récitons en particulier : nous les chantons dans les temples, *sur la lyre et sur l'orgue* (2), comme de véritables prières, parce qu'ils sont des formules de soumission, de confiance et de foi adressées à Dieu, et non des ordonnances adressées aux hommes. Je vou-

(1) Il est très remarquable que les évangélistes mêmes ne prirent la plume que tard, et principalement pour contredire des histoires fausses publiées de leur temps. Les épîtres canoniques naquirent aussi de causes accidentelles : jamais l'Ecriture n'entra dans le plan primitif des fondateurs. *Mill,* quoique protestant, l'a reconnu expressément. (*Pro leg. in Nov. Test. græc. p.* 1, n° 65. Et Hobbes avait déjà fait la même observation en Angleterre (*Hobbes's Tripos in three discourses. Dis. The III* p. 265, in-8°.)

(2) *In chordis et organo.* Ps. CL. 4.

drais bien voir la *Confession d'Ausbourg* ou les *trente-neuf articles* mis en musique; cela serait plaisant (1)!

Bien loin que les premiers symboles contiennent l'énoncé de *tous* nos dogmes, les chrétiens d'alors auraient au contraire regardé comme un grand crime de les énoncer *tous*. Il en est de même des saintes Ecritures : jamais il n'y eut d'idée plus creuse que celle d'y chercher la totalité des dogmes chrétiens : il n'y a pas une ligne dans ces écrits qui déclare, qui laisse seulement apercevoir le projet d'en faire un code ou une déclaration dogmatique de tous les articles de foi.

XVI. Il y a plus : si un peuple possède un de ces *codes de croyance*, on peut être sûr de trois choses :

1. Que la religion de ce peuple est fausse;

______

(1) La raison ne peut que *parler*, c'est l'amour qui *chante;* et voilà pourquoi nous chantons nos symboles; car la *foi* n'est qu'une *croyance par amour;* elle ne réside point seulement dans l'entendement : elle pénètre encore et s'enracine dans la volonté. Un théologien philosophe a dit avec beaucoup de vérité et de finesse : « Il « y a bien de la différence entre croire et juger qu'il faut « croire. » *Aliud est credere, aliud judicare esse credendum.* (*Leon. Lessii Opuscula.* Ludg. 1651, in-fol. pag. 550, col. 2. *De Prædestinatione.*)

2. Qu'il a écrit son code religieux dans un accès de fièvre;

3. Qu'on s'en moquera en peu de temps chez cette nation même, et qu'il ne peut avoir ni force ni durée. Tels sont par exemple, ces fameux ARTICLES, *qu'on signe plus qu'on ne les lit, et qu'on lit plus qu'on ne les croit* (1). Non-seulement ce catalogue de dogmes est compté pour rien, ou à peu près, dans le pays qui l'a vu naître; mais de plus il est évident, même pour l'œil étranger, que les illustres possesseurs de cette feuille de papier en sont fort embarrassés. Ils voudraient bien la faire disparaître, parce qu'elle impatiente le bon sens national éclairé par le temps, et parce qu'elle leur rappelle une origine malheureuse; mais la *constitution est écrite.*

XVII. Jamais, sans doute, ces mêmes Anglais n'auraient demandé la grande charte, si les priviléges de la nation n'avaient pas été violés; mais jamais aussi ils ne l'auraient demandée, si les priviléges n'avaient pas existé avant la charte. Il en est de l'Eglise comme de l'Etat : si jamais le christianisme n'avait

(1) *Gibbon*, dans ses Mémoires, tom. 1, chap. 6, de la traduction française.

été attaqué, jamais il n'aurait écrit pour fixer le dogme; mais jamais aussi le dogme n'a été fixé par écrit, que parce qu'il existait antérieurement dans son état naturel, qui est celui de *parole*.

Les véritables auteurs du concile de Trente furent les deux grands novateurs du XVI. siècle (1). Leurs disciples, devenus plus calmes, nous ont proposé depuis d'effacer cette loi fondamentale, parce qu'elle contient quelques mots difficiles pour eux; et ils ont essayé de nous tenter, en nous montrant comme possible à ce prix une réunion qui nous rendrait complices au lieu de nous rendre amis; mais cette demande n'est ni théologique ni philosophique. Eux-mêmes amenèrent jadis dans la langue religieuse ces mots qui les fatiguent, désirons qu'ils apprennent aujourd'hui à les prononcer. La foi, si la sophistique opposition ne l'avait jamais forcée d'écrire, serait mille fois plus angélique : elle pleure sur ces décisions que la révolte lui arracha et qui furent toujours des malheurs, puisqu'elles supposent toutes

(1) On peut faire la même observation en remontant jusqu'à Arius : jamais l'Eglise n'a cherché à écrire ses dogmes; toujours on l'y a forcée.

le doute ou l'attaque, et qu'elles ne purent naître qu'au milieu des commotions les plus dangereuses. L'état de guerre éleva ces remparts vénérables autour de la vérité : ils la défendent sans doute, mais ils la cachent ; ils la rendent inattaquable, mais par là même moins accessible. Ah ! ce n'est pas ce qu'elle demande, elle qui voudrait serrer le genre humain dans ses bras.

XVIII. J'ai parlé du christianisme comme système de croyance ; je vais maintenant l'envisager comme souveraineté, dans son association la plus nombreuse. Là, elle est monarchique, comme tout le monde le sait, et cela devait être, puisque la monarchie devient, par la nature même des choses, plus nécessaire à mesure que l'association devient plus nombreuse. On n'a point oublié qu'une bouche impure se fit cependant approuver de nos jours, lorsqu'elle dit *que la France était géométriquement monarchique.* Il serait difficile, en effet, d'exprimer plus heureusement une vérité plus incontestable. Mais si l'étendue de la France repousse seule l'idée de toute autre espèce de gouvernement, à plus forte raison cette souveraineté qui, par l'essence même de sa constitution, aura toujours des sujets sur tous les points du globe, ne pouvait être que monarchique; et l'expérience sur ce point se trouve d'accord avec la théorie. Cela posé, qui ne croirait qu'une telle monarchie se trouve plus rigoureusement déterminée et circonscrite que toutes les autres, dans la prérogative de son chef? C'est cependant le contraire qui a eu lieu. Lisez les innombrables volumes enfantés par la guerre étrangère, et même par une espèce de guerre civile qui a ses avantages et ses inconvénients, vous verrez que de tout côté on ne cite que des faits; et c'est une chose surtout bien remarquable que le tribunal suprême ait constamment laissé disputer sur la question qui se présente à tous les esprits comme la plus fondamentale de la constitution, sans avoir voulu jamais la décider par une loi formelle; ce qui devait être ainsi, si je ne me trompe infiniment, à raison précisément de l'importance fondamentale de la question (1). Quelques hommes sans mis-

(1) Je ne sais si les Anglais ont remarqué que le plus docte et le plus fervent défenseur de la souveraineté dont il s'agit ici, intitule ainsi un de ses chapitres : *Que la monarchie mixte tempérée d'aristocratie et de démocratie, vaut mieux que la monarchie pure.* (Bel-

sion, et téméraires par faiblesse, tentèrent de la décider en 1682, en dépit d'un grand homme; et ce fut une des plus solennelles imprudences qui aient jamais été commises dans le monde. Le monument qui nous en est resté est condamnable sans doute sous tous les rapports; mais il l'est surtout par un côté qui n'a pas été remarqué, quoiqu'il prête le flanc plus que tout autre à une critique éclairée. La fameuse déclaration osa décider par écrit et sans nécessité, même apparente (ce qui porte la faute à l'excès), une question qui devait être constamment abandonnée à une certaine sagesse pratique, éclairée par la conscience UNIVERSELLE.

Ce point de vue est le seul qui se rapporte au dessein de cet ouvrage; mais il est bien digne des méditations de tout esprit juste et de tout cœur droit.

XIX. Ces idées ne sont point étrangères (prises dans leur généralité) aux philosophes de l'antiquité : ils ont bien senti la faiblesse, j'ai presque dit le néant de l'écriture dans les grandes institutions; mais personne n'a mieux vu, ni mieux exprimé cette vérité que Platon,

larminus, de summo Pontif., cap. III.) Pas mal pour un fanatique !

qu'on trouve toujours le premier sur la route de toutes les grandes vérités. Suivant lui, d'abord, « l'homme qui doit toute son ins-« truction à l'écriture, *n'aura jamais que* « *l'apparence de la sagesse* (1). La parole, « ajoute-t-il, est à l'écriture ce qu'un homme « est à son portrait. Les productions de l'é-« criture se présentent à nos yeux comme vi-« vantes ; mais *si on les interroge, elles* « *gardent le silence avec dignité* (2). Il en « est de même de l'écriture, *qui ne sait ce* « *qu'il faut dire à un homme, ni ce qu'il* « *faut cacher à un autre.* Si l'on vient à « l'attaquer ou à l'insulter sans raison, elle « ne peut se défendre ; *car son père n'est* « *jamais là pour la soutenir* (3). De manière « que celui qui s'imagine pouvoir établir par « l'écriture seule une doctrine claire et du-« rable, EST UN GRAND SOT (4). S'il « possédait réellement les véritables germes

(1) Δοξόσοφοι γεγονότες ἀντὶ σοφῶν. (Plat. in Phæd. Opp. tom., edit. Bipont., p. 381.)

(2) Σεμνῶς πάνυ σιγᾷ. (Ibid. p. 382.)

(3) Τοῦ πατρὸς δεῖται βοηθοῦ. (Ibid. p. 382.)

(4) Πολλῆς ἂν εὐηθείας γέμει. (Ibid. p. 382.) Mot à mot : *Il regorge de bêtise.*

Prenons garde, chacun dans notre pays, que cette espèce de *pléthore* ne devienne endémique.

« de la vérité, il se garderait bien de croire
« qu'*avec un peu de liqueur noire et une
« plume* (1) il pourra les faire germer dans
« l'univers, les défendre contre l'inclémence
« des saisons et leur communiquer l'effica-
« cité nécessaire. Quant à celui qui entre-
« prend d'écrire *des lois ou des constitutions
« civiles* (2), et qui se figure que parce qu'ils
« les a écrites il a pu leur donner l'évidence
« et la stabilité convenables, quel que puisse
« être cet homme, particulier ou législa-
« teur (3), et soit qu'on le dise ou qu'on ne
« le dise pas (4), il s'est déshonoré; car il
« a prouvé par là qu'il ignore également ce
« que c'est que l'inspiration et le délire, le
« juste et l'injuste, le bien et le mal : or,
« cette ignorance est une ignominie, quand
« même la masse entière du vulgaire ap-
« plaudirait (5). »

XX. Après avoir entendu *la sagesse des*

---

(1) Ἐν ὕδατι μέλανι διὰ καλάμου. (Ibid. p. 384.)

(2) Νόμους τιθείς, σύγγραμμα πολιτικὸν γράφων. (Plat. in Phæd'
Opp. Tom. X, etc., Bipont. p. 386, 126.)

(3) Ἰδία ἢ δημοσία. (Ibid.)

(4) Εἴτέ τις φησὶν, εἴτε μή. (Ibid.)

(5) Οὐκ ἐκφεύγει τῇ ἀληθείᾳ μὴ οὐκ ἐπονείδιστον εἶναι, οὐδὲ ἂν ὁ πᾶς
ὄχλος αὐτὸν ἐπαινέῃ. (Ibid. pages 386, 387.)

nations, il ne sera pas inutile, je pense, d'entendre encore la philosophie chrétienne.

« Il eût été sans doute bien à désirer, » a dit le plus éloquent des Pères grecs, « que « nous n'eussions jamais eu besoin de l'écri- « ture, et que les préceptes divins ne fus- « sent écrits que dans nos cœurs, par la « grâce, comme ils le sont par l'encre, dans « nos livres : mais, puisque nous avons perdu « cette grâce par notre faute, saisissons « donc, puisqu'il le faut, *une planche au* « *lieu du vaisseau*, et sans oublier cependant « la supériorité du premier état. Dieu ne « révéla jamais rien aux élus de l'Ancien- « Testament; toujours il leur parla directe- « ment, parce qu'il voyait la pureté de leurs « cœurs; mais le peuple hébreu s'étant pré- « cipité dans l'abîme des vices, il fallut des « livres et des lois. La même marche s'est re- « nouvelée sous l'empire de la nouvelle révé- « lation; car le Christ n'a pas laissé un seul « écrit à ses Apôtres. Au lieu de livre il leur « promit le Saint-Esprit. *C'est lui*, leur dit- « il, *qui vous inspirera ce que vous aurez* « *à dire* (1). Mais parce que, dans la suite

(1) *Chrysost. Hom. in Matth.* 1, 1.

« des temps, des hommes coupables se ré-
« voltèrent contre les dogmes et contre la
« morale, il fallut en venir aux livres. »

XXI. Toute la vérité se trouve réunie dans ces deux autorités. Elles montrent la profonde imbécillité (il est bien permis de parler comme Platon, qui ne se fâche jamais), la profonde imbécillité, dis-je, de ces pauvres gens qui s'imaginent que les législateurs sont des hommes (1), que les lois sont du papier, et qu'on peut constituer les nations *avec de l'encre*. Elles montrent au contraire que l'écriture est constamment un signe de faiblesse, d'ignorance ou de danger; qu'à mesure qu'une institution est parfaite, elle écrit moins; de manière que celle qui est certainement divine, n'a rien écrit du tout en s'établissant, pour nous faire sentir que toute loi écrite n'est qu'un mal nécessaire, produit par l'infirmité ou par la malice humaine; et qu'elle n'est rien du tout, si elle n'a reçu une sanction antérieure et non écrite.

(1) Parmi une foule de traits admirables dont les Psaumes de David étincellent, je distingue le suivant : *Constitue, Domine, legislatorem super eos, ut sciant quoniam homines sunt;* c'est-à-dire : « Place, Sei-
« gneur, un législateur sur leurs têtes, afin qu'ils sachent
« qu'ils sont des hommes. » — C'est un beau mot !

XXII. C'est ici qu'il faut gémir sur le paralogisme fondamental d'un système qui a si malheureusement divisé l'Europe. Les partisans de ce système ont dit : *Nous ne croyons qu'à la parole de Dieu......* Quel abus des mots ! quelle étrange et funeste ignorance des choses divines ! Nous seuls croyons *à la parole*, tandis que nos *chers ennemis* s'obstinent à ne croire qu'à *l'écriture :* comme si Dieu avait pu ou voulu changer la nature des choses dont il est l'auteur, et communiquer à l'écriture la vie et l'efficacité qu'elle n'a pas ! L'Ecriture sainte n'est-elle donc pas *une écriture ?* n'a-t-elle pas été tracée *avec une plume et un peu de liqueur noire ? Sait-elle ce qu'il faut dire à un homme et ce qu'il faut cacher à un autre* (1) ? Leibnitz et sa servante n'y lisaient-ils pas les mêmes mots ? Peut-elle être, cette écriture, autre chose que le *portrait du Verbe ?* Et, quoique infiniment respectable sous ce rapport, si l'on vient à l'interroger, ne faut-il pas qu'*elle garde un silence divin* (2) ? Si on l'attaque enfin, ou si on l'insulte, *peut-elle se défendre en l'absence de son père ?* Gloire à la vérité ! Si la *parole*

(1) Revoyez la page 26 et suiv.

(2) Σεμνῶς πάνυ σιγᾷ. (Plat. ibid.)

éternellement vivante ne vivifie l'écriture, jamais celle-ci ne deviendra *parole*, c'est-à-dire *vie*. Que d'autres invoquent donc tant qu'il vous plaira LA PAROLE MUETTE, nous rirons en paix de ce *faux-dieu;* attendant toujours avec une tendre impatience le moment où ses partisans détrompés se jetteront dans nos bras, ouverts bientôt depuis trois siècles.

XXIII. Tout bon esprit achèvera de se convaincre sur ce point, pour peu qu'il veuille réfléchir sur un axiome également frappant par son importance et par son universalité, c'est que RIEN DE GRAND N'A DE GRANDS COMMENCEMENTS. On ne trouvera pas dans l'histoire de tous les siècles une seule exception à cette loi. *Crescit occulto velut arbor ævo;* c'est la devise éternelle de toute grande institution ; et de là vient que toute institution fausse écrit beaucoup, parce qu'elle sent sa faiblesse, et qu'elle cherche à s'appuyer. De la vérité que je viens d'énoncer résulte l'inébranlable conséquence, que nulle institution grande et réelle ne saurait être fondée sur une loi écrite, puisque les hommes mêmes, instruments successifs de l'établissement, ignorent ce qu'il doit devenir, et que l'accroissement insensible est le véritable signe de la durée, dans tous les ordres possibles de choses. Un exemple remarquable de ce genre se trouve dans la puissance des souverains pontifes, que je n'entends point envisager ici d'une manière dogmatique. Une foule de savants écrivains ont fait, depuis le XVI siècle, une prodigieuse dépense d'érudition pour établir, en remontant jusqu'au berceau du christianisme, que les évêques de Rome n'é-caient point, dans les premiers siècles, ce qu'ils furent depuis ; supposant ainsi, comme un point accordé, que tout ce qu'on ne trouve pas dans les temps primitifs, est abus. Or, je le dis sans le moindre esprit de contention, et sans prétendre choquer personne, ils montrent en cela autant de philosophie et de véritable savoir que s'ils cherchaient dans un enfant au maillot les véritables dimensions de l'homme fait. La souveraineté dont je parle dans ce moment est née comme les autres, s'est accrue comme les autres. C'est une pitié de voir d'excellents esprits se tuer à vouloir prouver par l'enfance que la virilité est un abus, tandis qu'une institution quelconque adulte en naissant, est une absurdité au premier chef, une véritable contradiction logique. Si les ennemis éclairés et généreux de cètte puissance (et certes, elle en a beaucoup de ce genre), examinent la question sous ce point de vue, comme je les en prie avec amour, je ne doute pas que toutes ces objections tirées de l'antiquité ne disparaissent à leurs yeux comme un léger brouillard.

Quant aux abus, je ne dois point m'en occuper ici. Je dirai seulement, puisque ce sujet se rencontre sous ma plume, qu'il y a bien à rabattre des déclamations que le dernier siècle nous a fait lire sur ce grand sujet. Un temps viendra où les papes, contre lesquels on s'est le plus récrié, tels que Grégoire VII, par exemple, seront regardés, dans tous les pays, comme les amis, les tuteurs, les sauveurs du genre humain, comme les véritables génies constituants de l'Europe.

Personne n'en doutera dès que les savants français seront chrétiens, et dès que les savants anglais seront catholiques, ce qui doit bien cependant arriver une fois.

XXIV. Mais par quelle parole pénétrante pourrions-nous dans ce moment nous faire entendre d'un siècle infatué de l'écriture et brouillé avec la parole, au point de croire que les hommes peuvent créer des constitu-

tions, des langues et même des souverainetés ; d'un siècle pour qui toutes les réalités
sont des mensonges, et tous les mensonges
des réalités ; qui ne voit pas même ce qui se
passe sous ses yeux ; qui se repaît de livres, et
va demander d'équivoques leçons à Thucydide
ou à Tite-Live, tout en fermant les yeux à
la vérité qui rayonne dans les gazettes du
temps ?

Si les vœux d'un simple mortel étaient di-
gnes d'obtenir de la Providence un de ces
décrets mémorables qui forment les grandes
époques de l'histoire, je lui demanderais d'inspirer à quelque nation puissante qui l'aurait
grièvement offensé, l'orgueilleuse pensée de
se constituer elle-même politiquement, en
commençant par les bases. Que si, malgré
mon indignité, l'antique familiarité d'un pa-
triarche m'était permise, je dirais : « Accorde-
« lui tout ! Donne-lui l'esprit, le savoir, la
« richesse, la valeur, surtout une confiance
« démesurée en elle-même, et ce génie à la
« fois souple et entreprenant, que rien n'em-
« barrasse et que rien n'intimide. Eteins son
« gouvernement antique ; ôte-lui la mémoire ;
« tue ses affections ; répands de plus la ter-
« reur autour d'elle ; aveugle ou glace ses

« ennemis; ordonne à la victoire de veiller
« à la fois sur toutes ses frontières, en sorte
« que nul de ses voisins ne puisse se mêler
« de ses affaires, ni la troubler dans ses
« opérations. Que cette nation soit illustre
« dans les sciences, riche en philosophie,
« ivre de pouvoir humain, libre de tout
« préjugé, de tout lien, de toute influence
« supérieure : donne-lui tout ce qu'elle dé-
« sirera, de peur qu'elle ne puisse dire un
« jour : *Ceci m'a manqué ou cela m'a gênée;*
« qu'elle agisse enfin librement avec cette
« immensité de moyens, afin qu'elle de-
« vienne, sous ton inexorable protection,
« une leçon éternelle pour le genre humain. »

XXV. On ne peut, sans doute, attendre
une réunion de circonstances qui serait un
miracle au pied de la lettre; mais des évé-
nements du même ordre, quoique moins re-
marquables, se montrent çà et là dans l'histoire, même dans l'histoire de nos jours;
et bien qu'ils n'aient point, pour l'exemple,
cette force idéale que je désirais tout-à-
l'heure, ils ne renferment pas moins de
grandes instructions.

Nous avons été témoins, il y a moins de
vingt-cinq ans, d'un effort solennel fait pour

régénérer une grande nation mortellement
malade. C'était le premier essai du grand
œuvre, et la *préface*, s'il est permis de s'exprimer ainsi, de l'épouvantable livre qu'on
nous a fait lire depuis. Toutes les précautions
furent prises. Les sages du pays crurent
même devoir consulter la divinité moderne
dans son sanctuaire étranger. On écrivit à
Delphes, et deux pontifes fameux répondi-
rent solennellement (1). Les oracles qu'ils
prononcèrent dans cette occasion ne furent
point, comme autrefois des feuilles légères,
jouets des vents; ils sont reliés :

> . . . . *Quidque hæc Sapientia possit,*
> *Tunc patuit. . . . . . .*

C'est une justice, au reste, de l'avouer :
dans ce que la nation ne devait qu'à son propre bon sens, il y avait des choses qu'on
peut encore admirer aujourd'hui. Toutes les
convenances se réunissaient, sans doute, sur la
tête sage et auguste appelée à saisir les rênes
du gouvernement : les principaux intéressés
dans le maintien des anciennes lois, faisaient
volontairement un superbe sacrifice au public; et, pour fortifier l'autorité suprême, ils

____

(1) Rousseau et Mably.

se prêtaient à changer une épithète de la souveraineté. — Hélas ! toute la sagesse humaine fut en défaut, et tout finit par la mort.

XXVI. On dira : *Mais nous connaissons les causes qui firent manquer l'entreprise.* Comment donc ? veut-on que Dieu envoie des anges sous formes humaines, chargés de déchirer une constitution ? Il faudra bien toujours que les choses secondes soient employées : celle-ci ou celle-là, qu'importe ? Tous les instruments sont bons dans les mains du grand ouvrier ; mais tel est l'aveuglement des hommes, que, si demain quelques entrepreneurs de constitutions viennent encore organiser un peuple, et le constituer *avec un peu de liqueur noire*, la foule se hâtera encore de croire au miracle annoncé. On dira de nouveau : *Rien n'y manque ; tout est prévu, tout est écrit ;* tandis que, précisément parce que tout serait prévu, discuté et écrit, il serait démontré que la constitution est nulle, et ne présente à l'œil qu'une apparence éphémère.

XXVII. Je crois avoir lu quelque part *qu'il y a bien peu de souverainetés en état de justifier la légitimité de leur origine.* Admettons la justesse de l'assertion, il n'en résultera pas la moindre tache sur les successeurs d'un chef dont les actes pourraient souffrir quelques objections : le nuage qui envelopperait plus ou moins l'origine de son autorité ne serait qu'un inconvénient, suite nécessaire d'une loi du monde morale. S'il en était autrement, il s'ensuivrait que le souverain ne pourrait régner légitimement qu'en vertu d'une délibération de tout le peuple, c'est-à-dire *par la grâce du peuple;* ce qui n'arrivera jamais, car il n'y a rien de si vrai que ce qui a été dit par l'auteur des *Considérations sur la France* (1) : *Que le peuple acceptera toujours ses maîtres et ne les choisira jamais.* Il faut toujours que l'origine de la souveraineté se montre hors de la sphère du pouvoir humain, de manière que les hommes mêmes qui paraissent s'en mêler directement ne soient néanmoins que des circonstances. Quant à la légitimité, si dans son principe elle a pu sembler ambiguë, Dieu s'explique par son premier ministre au département de ce monde, *le temps.* Il est bien vrai néanmoins que certains présages contemporains trompent peu

____

(1) Chap. IX, p. 136.

lorsqu'on est à même de les observer ; mais les détails, sur ce point, appartiendraient à un autre ouvrage.

XXVIII. Tout nous ramène donc à la règle générale : *L'homme ne peut faire une constitution, et nulle constitution légitime ne saurait être écrite.* Jamais on n'a écrit, jamais on n'écrira *à priori* le recueil des lois fondamentales qui doivent constituer une société civile ou religieuse. Seulement, lorsque la société se trouve déjà constituée, sans qu'on puisse dire comment, il est possible de faire déclarer ou expliquer par écrit certains articles particuliers ; mais presque toujours ces déclarations sont l'effet ou la cause de très grands maux, et toujours elles coûtent aux peuples plus qu'elles ne valent.

XXIX. A cette règle générale *que nulle constitution ne peut être écrite, ni faite à* priori, on ne connaît qu'une seule exception ; c'est la législation de Moïse. Elle seule fut, pour ainsi dire, *jetée* comme une statue, et écrite jusque dans les moindres détails par un homme prodigieux qui dit FIAT ! sans que jamais son œuvre ait eu besoin depuis d'être, ni par lui ni par d'autres, corrigée, suppléée ou modifiée. Elle seule a pu braver le temps, parce qu'elle ne lui devait rien et n'en attendait rien ; elle seule a vécu quinze cents ans ; et même après que dix-huit siècles nouveaux ont passé sur elle, depuis le grand anathème qui la frappa au jour marqué, nous la voyons, vivante, pour ainsi dire, d'une seconde vie, resserrer encore, par je ne sais quel lien mystérieux qui n'a point de nom humain, les différentes familles d'un peuple qui demeure dispersé sans être désuni : de manière que, semblable à l'attraction et par le même pouvoir, elle agit à distance, et fait un tout d'une foule de parties qui ne se touchent point. Aussi cette législation sort évidemment, pour toute conscience intelligente, du cercle tracé autour du pouvoir humain ; et cette magnifique exception à une loi générale qui n'a cédé qu'une fois et n'a cédé qu'à son auteur, démontre seule la mission divine du grand législateur des Hébreux, bien mieux que le livre entier de ce prélat anglais qui, avec la plus forte tête et une érudition immense, a néanmoins eu le malheur d'appuyer une grande vérité sur le plus triste paralogisme.

XXX. Mais puisque toute constitution est divine dans son principe, il s'ensuit que l'homme ne peut rien dans ce genre à moins qu'il ne s'appuie sur Dieu, dont il devient alors l'instrument (1). Or, c'est une vérité à laquelle le genre humain en corps n'a cessé de rendre le plus éclatant témoignage. Ouvrons l'histoire) qui est la politique expérimentale, nous y verrons constamment le berceau des nations environné de prêtres, et la Divinité toujours appelée au secours de la faiblesse humaine (2). La fable, bien

(1) On peut même généraliser l'assertion et prononcer sans exception : *Que nulle institution quelconque ne peut durer, si elle n'est fondée sur la religion.*

(2) Platon, dans un morceau admirable et tout-à-fait mosaïque, parle d'un temps primitif *où Dieu avait confié l'établissement et le régime des empires, non à des hommes, mais à des génies;* puis il ajoute, en parlant de la difficulté de créer des constitutions durables : *C'est la vérité même que si Dieu n'a pas présidé à l'établissement d'une cité, et qu'elle n'ait eu qu'un commencement humain, elle ne peut échapper aux plus grands maux. Il faut donc tâcher, par tous les moyens imaginables, d'imiter le régime primitif; et nous confiant en ce qu'il y a d'immortel dans l'homme, nous devons fonder les maisons, ainsi que les états, en consacrant comme les lois les volontés de l'intelligence* (suprême). *Que si un état* (quelle que soit sa forme) *est fondé sur le vice, et gouverné par des gens qui foulent aux pieds la justice, il ne lui reste aucun moyen de salut.* (Plat. de Leg., t. VIII, Édit. Bipont., pag. 180, 181.)

plus vraie que l'histoire ancienne, pour des yeux préparés, vient encore renfoncer la démonstration. C'est toujours un oracle qui fonde les cités ; c'est toujours un oracle qui annonce la protection divine et les succès du héros fondateur. Les Rois surtout, chefs des empires naissants, sont constamment désignés et presque *marqués* par le ciel de quelque manière extraordinaire (1). Combien d'hommes légers ont ri de la *sainte ampoule,* sans songer que la sainte ampoule est un hiéroglyphe, et qu'il ne s'agit que de savoir lire (2)!

(1) On a fait grand usage dans la controverse de la fameuse règle de Richard de Saint-Victor : *Quod semper, quod ubique, quod omnibus.* Mais cette règle est générale et peut, je crois, être exprimée ainsi : *Toute croyance constamment universelle est vraie : et toutes les fois qu'en séparant d'une croyance quelconque certains articles particuliers aux différentes nations, il reste quelque chose de commun à toutes, ce reste est une vérité.*

(2) Toute religion, par la nature même des choses, *pousse* une mythologie qui lui ressemble. Celle de la religion chrétienne est, par cette raison, toujours chaste, toujours utile, et souvent sublime, sans que (par un privilége particulier) il soit jamais possible de la confondre avec la religion même. De manière que nul *mythe* chrétien ne peut nuire, et que souvent il mérite toute l'attention de l'observateur.

XXXI. Le sacre des Rois tient à la même racine. Jamais il n'y eut de cérémonie, ou, pour mieux dire, de profession de foi plus significative et plus respectable. Toujours le doigt du pontife a touché le front de la souveraineté naissante. Les nombreux écrivains qui n'ont vu dans ces rites augustes que des vues ambitieuses, et même l'accord exprès de la superstition et de la tyrannie, ont parlé contre la vérité, presque tous même contre leur conscience. Ce sujet mériterait d'être examiné. Quelquefois les souverains ont cherché le sacre, et quelquefois le sacre a cherché les souverains. On en a vu d'autres rejeter le sacre comme un signe de dépendance. Nous connaissons assez de faits pour être en état de juger assez sainement ; mais il faudrait distinguer soigneusement les hommes, les temps, les nations et les cultes. Ici, c'est assez d'insister sur l'opinion générale et éternelle qui appelle la puissance divine à l'établissement des empires.

XXXII. Les nations les plus fameuses de l'antiquité, les plus graves surtout et les plus sages, telles que les Egyptiens, les Etrusques, les Lacédémoniens et les Romains, avaient précisément les constitutions les plus religieuses ;

et la durée des empires a toujours été pro-
portionnée au degré d'influence que le principe religieux avait acquis dans la constitution politique : *Les villes et les nations les
plus adonnées au culte divin ont toujours été
les plus durables et les plus sages, comme les
siècles les plus religieux ont toujours été les
plus distingués par le génie* (1).

XXXIII. Jamais les nations n'ont été civi-
lisées que par la religion. Aucun autre instrument connu n'a de prise sur l'homme
sauvage. Sans recourir à l'antiquité, qui est
très décisive sur ce point, nous en voyons
une preuve sensible en Amérique. Depuis
trois siècles nous sommes là avec nos lois,
nos arts, nos sciences, notre civilisation,
notre commerce et notre luxe ; qu'avons-nous
gagné sur l'état sauvage ? Rien. Nous détrui-
sons ces malheureux avec le fer et l'eau-de-
vie ; nous les repoussons insensiblement dans
l'intérieur des déserts, jusqu'à ce qu'enfin
ils disparaissent entièrement, victimes de nos
vices autant que de notre cruelle supériorité.

XXXIV. Quelque philosophe a-t-il jamais
imaginé de quitter sa patrie et ses plaisirs

(1) Xénophon, Memor. Socr. I, 4, 16.

pour s'en aller dans les forêts de l'Amérique à la chasse des Sauvages, les dégoûter de tous les vices de la barbarie et leur donner une morale (1)? Ils ont bien fait mieux: ils ont composé de beaux livres pour prouver que le Sauvage était l'homme *naturel*, et que nous ne pouvions souhaiter rien de plus heureux que de lui ressembler. Condorcet a dit *que les missionnaires n'ont porté en Asie et en Amérique que de honteuses superstitions* (2). Rousseau a dit, avec un redoublement de folie véritablement inconcevable, *que les missionnaires ne lui paraissaient guère plus sages que les conquérants* (3). Enfin, leur coryphée a eu le front (mais qu'avait-il à perdre?) de jeter le ridicule le plus grossier sur ces pacifiques conquérants que l'antiquité aurait divinisés (4).

______

(1) Condorcet nous a promis, à la vérité, que les philosophes se chargeraient incessamment de la civilisation et du bonheur des nations barbares. (*Esquisse d'un Tableau historique des progrès de l'esprit humain;* in-8°, pag. 335.) Nous attendrons qu'ils veuillent bien commencer.

(2) Esquisse, etc. (Ibid. pag. 335.)

(3) Lettre à l'archevêque de Paris.

(4) *Eh! mes amis, que ne restiez-vous dans votre patrie? Vous n'y auriez pas trouvé plus de diables,*

XXXV. Ce sont eux cependant, ce sont les missionnaires qui ont opéré cette merveille si fort au-dessus des forces et même de la volonté humaine. Eux seuls ont parcouru d'une extrémité à l'autre le vaste continent de l'Amérique pour y créer des hommes. Eux seuls ont fait ce que la politique n'avait pas seulement osé imaginer. Mais rien dans ce genre n'égale les missions du Paraguay : c'est là où l'on a vu d'une manière plus marquée l'autorité et la puissance exclusive de la religion pour la civilisation des hommes. On a vanté ce prodige, mais pas assez : l'esprit du XVIII siècle et un autre esprit, son complice, ont eu la force d'étouffer, en partie, la voix de la justice et même celle de l'admiration. Un jour peut-être (car on peut espérer que ces grands et nobles travaux seront

mais vous y auriez trouvé tout autant de sottises. Voltaire, Essai sur les mœurs et l'esprit, etc. Introd. *De la Magie.*)

Cherchez ailleurs plus de déraison, plus d'indécence, plus de mauvais goût même, vous n'y réussirez pas. C'est cependant ce livre, dont bien peu de chapitres sont exempts de traits semblables; c'est ce *colifichet fastueux,* que de modernes enthousiastes n'ont pas craint d'appeler *un monument de l'esprit humain :* sans doute, comme la chapelle de Versailles et les tableaux de Boucher.

repris), au sein d'une ville opulente assise sur une antique *savane*, le père de ces missionnaires aura une statue. On pourra lire sur le piédestal :

A L'OSIRIS CHRÉTIEN

dont les envoyés ont parcouru la terre
pour arracher les hommes à la misère,
à l'abrutissement et à la férocité,
en leur enseignant l'agriculture,
en leur donnant des lois,
en leur apprenant à connaître et à servir Dieu,
NON PAR LA FORCE DES ARMES,
dont ils n'eurent jamais besoin,
mais par la douce persuasion, les chants moraux,
ET LA PUISSANCE DES HYMNES,
en sorte qu'on les crut des Anges (1).

(1) *Osiris régnant en Egypte, retira incontinent les Egyptiens de la vie indigente, soufreteuse et sauvage, en leur enseignant à semer et à planter; en leur establissant des loix, en leur monstrant à honorer et à révérer les Dieux : et depuis, allant par tout le monde, il l'apprivoisa aussi sans y employer aucunement la force des armes, mais attirant et gagnant la plus part des peuples par douce persuasion et remontrances couchées en chanson et en toute sorte de musique* (πιθοι και λογω μετ'ωδης παρηε και μουσικης) *dont les Grecs eurent opinion que c'était le même que Bacchus.* (Plutarque, *d'Isis et d'Osiris*, trad. d'Amyot, édit. de Vascosan, tom. III, pag. 287, in-8°. Edit. Henr. Steph. tom. I, pag. 634, in-8°.

On a trouvé naguère dans une île du fleuve Penobscot, une peuplade sauvage qui chantait encore

XXXVI. Or, quand on songe que cet ordre législateur, qui régnait au Paraguay par l'ascendant unique des vertus et des talents, sans jamais s'écarter de la plus humble soumission envers l'autorité légitime même la plus égarée; que cet ordre, dis-je, venait en même temps affronter dans nos prisons,

un grand nombre de cantiques pieux et instructifs en indien sur la musique de l'Eglise, avec une prévision qu'on trouverait à peine dans les chœurs les mieux composés; l'un des plus beaux airs de l'église de Boston vient de ces Indiens (qui l'avaient appris de leurs maîtres il y a plus de quarante ans), *sans que dès-lors ces malheureux Indiens aient joui d'aucune espèce d'instruction.* (Merc. de France, 5 juillet 1806, n° 259, p. 20 et suiv.)

Le père *Salvaterra* (beau nom de missionnaire!) justement nommé l'*Apôtre de la Californie*, abordait les Sauvages les plus intraitables dont jamais on ait eu connaissance, sans autre arme qu'un luth dont il jouait supérieurement. Il se mettait à chanter : *In voi credo, o Dio mio!* etc. Hommes et femmes l'entouraient et l'écoutaient en silence. Muratori dit, en parlant de cet homme admirable : *Pare favola quella d'Orfeo; ma chi sà che non sia succeduto in simil caso?* Les missionnaires seuls ont compris et démontré *la vérité de cette fable.* On voit même qu'ils avaient découvert l'espèce de musique digne de s'associer à ces grandes créations. « Envoyez-nous, écrivaient-ils à leurs amis d'Eu-« rope, envoyez-nous les airs des grands maîtres d'Italie, « *per essere armoniosissimi, senza tanti imbrogli* « *di violini obbligati,* etc. » (Muratori, *Christianesimo felice,* etc. Venesia, 1752, in-8°, chap. XII, p. 284.)

c'est lui qui avait inventé les langues, tandis qu'il ne tient encore qu'à lui de voir que toute langue humaine est *apprise* et jamais *inventée*, et que nulle hypothèse imaginable dans le cercle de la puissance humaine ne peut expliquer avec la moindre apparence de probabilité, ni la formation, ni la diversité des langues. Il a cru qu'il pouvait constituer les nations, c'est-à-dire, en d'autres termes, *qu'il pouvait créer cette unité nationale en vertu de laquelle une nation n'est pas une autre.* Enfin, il a cru que, puisqu'il avait le pouvoir de créer des institutions, il avait à plus forte raison celui de les emprunter aux nations, et de les transporter chez lui toutes faites, avec le nom qu'elles portaient chez ces peuples, pour en jouir comme eux avec les mêmes avantages. Les papiers français me fournissent sur ce point un exemple singulier.

XLVIII. Il y a quelques années que les Français s'avisèrent d'établir à Paris certaines courses qu'on appela sérieusement dans quelques écrits du jour, *jeux olympiques.* Le raisonnement de ceux qui inventèrent ou renouvelèrent ce beau nom, n'était pas compliqué. *On courait,* se dirent-ils, *à pied et à cheval, sur les bords de l'Alphée ; on court à pied et à cheval sur les bords de la* Seine : *donc c'est la même chose.* Rien de plus *simple ;* mais, sans leur demander pourquoi ils n'avaient pas imaginé d'appeler ces jeux *parisiens,* au lieu de les appeler *olympiques,* il y aurait bien d'autres observations à faire. Pour instituer les jeux *olympiques,* on consulta les oracles : les dieux et les héros s'en mêlèrent ; on ne les commençait jamais sans avoir fait des sacrifices et d'autres cérémonies religieuses ; on les regardait comme les grands comices de la Grèce, et rien n'était plus auguste. Mais les Parisiens, avant d'établir leurs courses *renouvelées des Grecs,* allèrent-ils à Rome *ad limina Apostolorum,* pour consulter le pape ? Avant de lancer leurs casse-cous, pour amuser des boutiquiers, faisaient-ils chanter la grand'messe ? A quelle grande vue politique avaient-ils su associer ces courses ? Comment s'appelaient les instituteurs ? — Mais c'en est trop : le bon sens le plus ordinaire sent d'abord le néant et même le ridicule de cette imitation.

XLIX. Cependant, dans un journal écrit par des hommes d'esprit qui n'avaient d'autre tort ou d'autre malheur que celui de professer les doctrines modernes, on écrivait, il y a quelques années, au sujet de ces courses, le passage suivant dicté par l'enthousiasme le plus divertissant :

Je le prédis : les jeux olympiques des Français attireront un jour l'Europe au Champ-de-Mars. Qu'ils ont l'âme froide et peu susceptible d'émotion ceux qui ne voient ici que des courses! Moi, j'y vois un spectacle tel que jamais l'univers n'en a offert de pareil, depuis ceux de l'Elide, où la Grèce était en spectacle à la Grèce. Non, les cirques des Romains, les tournois de notre ancienne chevalerie, n'en approchaient pas (1).

Et moi, je *crois*, et même je *sais* que nulle institution humaine n'est durable si elle n'a une base religieuse; et, *de plus* (je prie qu'on fasse bien attention à ceci), *si elle ne porte un nom pris dans une langue nationale, et né de lui-même, sans aucune délibération antérieure et connue*.

(1) Décade philosophique, octobre 1797, n° 1, pag. 31, 1800). Ce passage, rapproché de sa date, a le double mérite d'être éminemment plaisant et de faire penser. On y voit de quelles idées se berçaient alors ces enfants, et ce qu'ils savaient sur ce que l'homme doit savoir avant tout. Dès-lors un nouvel ordre de choses a suffisamment réfuté ces belles imaginations; *et si toute l'Europe est aujourd'hui attirée à Paris*, ce n'est pas certainement pour y voir *les jeux olympiques* (1814).

5.

L. La théorie des noms est encore un objet de grande importance. Les noms ne sont nullement arbitraires, comme l'ont affirmé tant d'hommes *qui avaient perdu leurs noms*. Dieu s'appelle : *Je suis;* et toute créature s'appelle : *Je suis cela*. Le nom d'un être spirituel étant nécessairement relatif à son action, qui est sa qualité distinctive; de là vient que, parmi les anciens, le plus grand honneur pour une divinité était la *polyonymie*, c'est-à-dire la *pluralité des noms*, qui annonçait celle des fonctions ou l'étendue de la puissance. L'antique mythologie nous montre Diane, encore enfant, demandant cet honneur à Jupiter; et, dans les vers attribués à Orphée, elle est complimentée sous le nom de *démon polyonyme* (génie à plusieurs noms) (1). Ce qui veut dire, au fond, que Dieu seul a droit de donner un *nom*. En effet, il a tout *nommé*, puisqu'il a tout créé. Il a donné des noms aux étoiles (2), il en a

____

(1) Voyez la note sur le septième vers de l'hymne à Diane de Callimaque (édition de Spanheim); et Lanzi, *Saggio di letteratura etrusca*, etc., in-8°, tom. II, page 241, note. Les hymnes d'Homère ne sont au fond que des collections d'épithètes; ce qui tient au même principe de la *polyonymie*.

(2) Isaïe. XL. 26.

donné aux esprits, et de ces derniers noms, l'Ecriture n'en prononce que trois, mais tous les trois relatifs à la destination de ces ministres. Il en est de même des hommes que Dieu a voulu nommer lui-même, et que l'Ecriture nous a fait connaître en assez grand nombre : toujours les noms sont relatifs aux fonctions (1). N'a-t-il pas dit que dans son royaume à venir il donnerait aux vainqueurs UN NOM NOUVEAU (2), proportionné à leurs *exploits?* Et les hommes, *faits à l'image de Dieu*, ont-ils trouvé une manière plus solennelle de récompenser les vainqueurs que celle de leur donner un *nouveau nom*, le plus honorable de tous, au jugement des hommes, celui des nations vaincues (3)? Toutes les fois que l'homme est censé changer de vie et

(1) Qu'on se rappelle le plus grand nom donné divinement et directement à un homme. La raison du nom fut donnée dans ce cas avec le nom, et le nom exprime précisément la destination, ou, ce qui revient au même, le pouvoir.

(2) Apoc. III. 12.

(3) Cette observation a été faite par l'auteur anonyme, mais très connu, du livre allemand intitulé : *Die Siegsgeschichte der christlichen Religion, in einer gemeinnützigen Erklarung der Offenbarung* Johannis, in-8° Nuremberg, 1799, pag. 89. Il n'y a rien à dire contre cette page.

recevoir un nouveau caractère, assez communément il reçoit un *nouveau nom*. Cela se voit dans le baptême, dans la confirmation, dans l'enrôlement des soldats, dans l'entrée en religion, dans l'affranchissement des esclaves, etc.; en un mot, le nom de tout être exprime ce qu'il est, et dans ce genre il n'y a rien d'arbitraire. L'expression vulgaire, *il a un nom*, *il n'a point de nom*, est très-juste et très-expressive; aucun homme ne pouvant être rangé parmi ceux qu'on *appelle aux assemblées et qui ont un nom* (1), si sa famille n'est marquée du signe qui la distingue des autres.

LI. Il en est des nations comme des individus : il y en a *qui n'ont point de nom*. Hérodote observe que les Thraces seraient le peuple le plus puissant de l'univers s'ils étaient unis : *mais*, ajoute-t-il, *cette union est impossible, car ils ont tous un nom différent* (2). C'est une très bonne observation. Il y a aussi des peuples modernes *qui n'ont point de nom*, et il y en a d'autres qui en ont plusieurs; mais la *polyonymie* est aussi malheureuse

(1) Num. XVI. 2.
(2) Hérod. Therpsyc. V. 3.

pour les nations qu'on a pu la croire honorable pour les *génies*.

LII. Les noms n'ayant donc rien d'arbitraire, et leur origine tenant, comme toutes les choses, plus ou moins immédiatement à Dieu, il ne faut pas croire que l'homme ait droit de nommer, sans restriction, même celles dont il a quelque droit de se regarder comme l'auteur, et de leur imposer des noms suivant l'idée qu'il s'en forme. Dieu s'est réservé à cet égard une espèce de juridiction immédiate qu'il est impossible de méconnaître (1). *O mon cher Hermogène ! c'est une grande chose que l'imposition des noms, et qui ne peut appartenir ni à l'homme mauvais, ni même à l'homme vulgaire...... Ce droit n'appartient qu'à un créateur de noms (onomaturge), c'est-à-dire, à ce qui semble, au seul législateur; mais de tous les créateurs humains le plus rare, c'est un législateur* (2).

LIII. Cependant l'homme n'aime rien tant que de nommer. C'est ce qu'il fait, par

(1) *Orig. adv. Cels.* l. 18, 24., p. 341, *et in Exhort, ad martyr.*, n. 46, *et in not. Edit. Ruæi*, in-fol., t. I. pages 305, 341.

(2) *Plato, in Crat. Opp* tom. III, p. 244.

exemple, lorsqu'il applique aux choses des épithètes significatives ; talent qui distingue le grand écrivain et surtout le grand poète. L'heureuse imposition d'une épithète illustre un substantif, qui devient célèbre sous ce nouveau signe (1). Les exemples se trouvent dans toutes les langues ; mais, pour nous en tenir à celle de ce peuple qui a lui-même un si grand nom, puisqu'il l'a donné à la *franchise*, ou que la *franchise* l'a reçu de lui, quel homme lettré ignore l'*avare Achéron*, *les coursiers attentifs*, *le lit effronté*, *les timides supplications*, *le frémissement argenté*, *le destructeur rapide*, *les pâles adulateurs*, etc. (2) ? Jamais l'homme n'oubliera ses droits primitifs : on peut dire même, dans un certain sens, qu'il les exercera toujours, mais combien sa dégradation les a restreints ! Voici une loi vraie comme Dieu qui l'a faite :

(1) « *De manière*, » comme l'a observé Denys d'Halycarnasse, « que si l'épithète est *distinctive* et *naturelle*, « (οἰκεία καὶ προσφυὴς), elle pèse dans le discours autant « qu'un nom. » (*De la poésie d'Homère, ch. 6.*) On peut même dire, dans un certain sens, qu'elle vaut mieux, puisqu'elle a le mérite de la création, sans avoir le tort du néologisme.

(2) Je ne me rappelle aucune épithète illustre de Voltaire ; c'est peut-être de ma part pur défaut de mémoire.

Il est défendu à l'homme de donner de grands noms aux choses dont il est l'auteur et qu'il croit grandes ; mais s'il a opéré légitimement, le nom vulgaire de la chose sera ennobli par elle et deviendra grand.

LIV. Qu'il s'agisse de créations matérielles ou politiques, la règle est la même. Il n'y a rien, par exemple, de plus connu dans l'histoire grecque que le mot de *céramique :* Athènes n'en connut pas de plus auguste. Longtemps après qu'elle eut perdu ses grands hommes et son existence politique, Atticus, étant à Athènes, écrivait avec prétention à son illustre ami : *Me trouvant l'autre jour dans le Céramique*, etc., et Cicéron l'en badinait dans sa réponse (1). Que signifie cependant en lui-même ce mot si célèbre, *Tuileries* (2) ? Il n'y a rien de plus vulgaire : mais la cendre des héros mêlée à cette terre l'avait consacrée, et la terre avait consacré le nom. Il est assez singulier qu'à une si grande distance de temps et de lieux, ce même mot de TUILERIES, fameux jadis comme

(1) Voilà pour répondre à votre phrase : *Me trouvant l'autre jour dans le Céramique*, etc. Cic. ad Att. 1. 10.

(2) Avec une certaine latitude qui renferme encore l'idée de *poterie.*

nom d'un lieu de sépulture, ait été de nouveau illustré sous celui d'un palais. La puissance qui venait habiter les *Tuileries*, ne s'avisa pas de leur donner quelque nom imposant qui eût une certaine proportion avec elle. Si elle eût commis cette faute, il n'y avait pas de raison pour que, le lendemain, ce lieu ne fût habité par des filous et par des fille.

LV. Une autre raison, qui a son prix, quoiqu'elle soit tirée de moins haut, doit nous engager encore à nous défier de tout nom pompeux imposé *à priori*. C'est que la conscience de l'homme l'avertissant presque toujours du vice de l'ouvrage qu'il vient de produire, l'orgueil révolté, qui ne peut se tromper lui-même, cherche au moins à tromper les autres, en inventant un nom honorable qui suppose précisément le mérite contraire; de manière que ce nom, au lieu de témoigner réellement l'excellence de l'ouvrage, est une véritable confession du vice qui le distingue. Le dix-huitième siècle, si riche en tout ce qu'on peut imaginer de faux et de ridicule, a fourni sur ce point une foule d'exemples curieux dans les titres des livres, les épigraphes, les inscriptions et au-

tres choses de ce genre. Ainsi, par exemple,
si vous lisez à la tête de l'un des principaux
ouvrages de ce siècle :

Tantum series juncturaque pollet,
Tantum de medio sumptis accedit honoris.

Effacez la présomptueuse épigraphe, et sub-
stituez hardiment, avant même d'avoir ouvert
le livre, et sans la moindre crainte d'être
injuste :

Rudis indigestaque moles,
Non benè junctarum discordia semina rerum.

En effet, le chaos est l'image de ce livre ,
et l'épigraphe exprime éminemment ce qui
manque éminemment à l'ouvrage. Si vous
lisez à la tête d'un autre livre : *Histoire phi-*
losophique et politique, vous savez, avant
d'avoir lu l'histoire annoncée sous ce titre ,
qu'elle n'est ni *philosophique* ni *politique ;*
et vous saurez de plus, après l'avoir lue,
que c'est l'œuvre d'un frénétique. Un homme
ose-t-il écrire au dessous de son propre portrait : *Vitam impendere vero ?* gagez, sans
information, que c'est le portrait d'un men-
teur ; et lui-même vous l'avouera, un jour
qu'il lui prendra fantaisie de dire la vérité.
Peut-on lire sous un autre portrait : *Postge-*

nitis hic carus erit, nunc carus amicis, sans se rappeler sur-le-champ ce vers si heureusement emprunté à l'original même pour le peindre d'une manière un peu différente : *J'eus des adorateurs et n'eus pas un ami ?* Et en effet, jamais peut-être il n'exista d'homme, dans la classe des gens de lettres, moins fait pour sentir l'amitié, et moins digne de l'inspirer, etc., etc. Des ouvrages et des entreprises d'un autre genre prêtent à la même observation. Ainsi, par exemple, si la musique, chez une nation célèbre, devient tout-à-coup une affaire d'Etat; si l'esprit du siècle, aveugle sur tous les points, accorde à cet art une fausse importance et une fausse protection, bien différente de celle dont il aurait besoin; si l'on élève enfin un temple à la musique, sous le nom sonore et antique d'Odéon, c'est une preuve infaillible que l'art est en décadence, et personne ne doit être surpris d'entendre dans ce pays un critique célèbre avouer, bientôt après, en style assez vigoureux, que rien n'empêche d'écrire dans le fronton du temple : Chambre a louer (1).

(1) « Il s'en faut bien que les mêmes morceaux exécu-
« tés à l'*Odéon* produisent en moi la même sensation
« que j'éprouvais à l'ancien *Théâtre de musique*, où je

LVI. Mais, comme je l'ai dit, tout ceci n'est qu'une observation du second ordre ; revenons au principe général : *Que l'homme n'a pas, ou n'a plus le droit de nommer les choses* (du moins dans le sens que j'ai expliqué). Que l'on y fasse bien attention, les noms les plus respectables ont dans toutes les langues une origine vulgaire. Jamais le nom n'est proportionné à la chose ; toujours la chose illustre le nom. Il faut que le nom *germe*, pour ainsi dire, sans quoi il est faux. Que signifie le mot *trône*, dans l'origine ? *siége*, ou même *escabelle*. Que signifie *sceptre*? un bâton pour s'appuyer (1). Mais le *bâton*

« les entendais avec ravissement. Nos artistes ont perdu
« la tradition de ce chef-d'œuvre (le *Stabat* de Pergo-
« lèse) ; il est écrit pour eux en langue étrangère ; ils en
« disent les notes sans en connaître l'esprit ; leur exé-
« cution est à la glace, dénuée d'âme, de sentiment et
« d'expression. L'orchestre lui-même joue machinale-
« ment et avec une faiblesse qui tue l'effet. L'ancienne
« musique (*laquelle P*) est la rivale de la plus haute
« poésie ; la nôtre n'est que la rivale du ramage des oi-
« seaux. Que nos virtuoses modernes cessent donc.... de
« déshonorer des compositions sublimes..... qu'ils ne se
« jouent plus (surtout) à Pergolèse ; il est trop fort pour
« eux. » (*Journal de l'Empire*, 28 mars 1812.)

(1) Au second livre de l'Iliade, Ulysse veut empêcher les Grecs de renoncer lâchement à leur entreprise. S'il rencontre, au milieu du tumulte excité par les mécon-

des Rois fut bientôt distingué de tous les autres, et ce nom, sous sa *nouvelle* signification, subsiste depuis trois mille ans. Qu'y a-t-il de plus noble dans la littérature et de plus humble dans son origine que le mot *tragédie ?* Et le nom presque fétide de *drapeau*, soulevé et ennobli par la lance des guerriers, quelle fortune n'a-t-il pas faite dans notre langue ? Une foule d'autres noms viennent plus ou moins à l'appui du même principe, tels que ceux-ci, par exemple : *sénat*, *dictateur*, *consul*, *empereur*, *église*, *cardinal*, *maréchal*, etc. Terminons par ceux de *connétable* et de *chancelier* donnés à deux émi-

tents, un roi ou un noble, il lui adresse de douces paroles pour le persuader ; mais s'il trouve sous sa main un *homme du peuple* (δήμου ἄνδρα) (gallicisme remarquable), il le rosse *à grands coups de sceptre*. Iliad., II, 198, 199.)

On fit jadis un crime à Socrate de s'être emparé des vers qu'Ulysse prononce dans cette occasion, et de les avoir cités pour prouver au peuple qu'il ne sait rien et qu'il n'est rien. (*Xenoph. Memor. Socr.* I. II. 20.)

Pindare peut encore être cité pour l'histoire du sceptre, à l'endroit où il nous raconte l'anecdote de cet ancien roi de Rhodes qui assomma son beau-frère sur la place, en le frappant, dans un instant de vivacité et sans mauvaise intention, *avec un sceptre qui se trouva malheureusement fait d'un bois trop dur*. (Olymp. VII. v. 45-88.) Belle leçon pour alléger les sceptres !

nentes dignités des temps modernes : le premier ne signifie dans l'origine que le chef *de l'écurie* (1), et le second, *l'homme qui se tient derrière une grille* (pour n'être pas accablé par la foule des suppliants).

LVII. Il y a donc deux règles infaillibles pour juger toutes les créations humaines, de quelque genre qu'elles soient, la *base* et le *nom;* et ces deux règles, bien entendues, dispensent de toute application odieuse. Si la base est purement humaine, l'édifice ne peut tenir; et plus il y aura d'hommes qui s'en seront mêlés, plus ils y auront mis de délibération, de science et d'*écriture surtout*, enfin, de moyens humains de tous les genres, et plus l'institution sera fragile. C'est principalement par cette règle qu'il faut juger tout ce qui a été entrepris par des souverains ou par des assemblées d'hommes, pour la civilisation, l'institution ou la régénération des peuples.

LVIII. Par la raison contraire, plus l'institution est divine dans ses bases, et plus elle est durable. Il est bon même d'observer, pour

(1) *Connétable* n'est qu'une contraction gauloise de COMES STABULI, *le compagnon* ou *le ministre du prince au département des écuries.*

plus de clarté, que le principe religieux est, par essence, créateur et conservateur, de deux manières. En premier lieu, comme il agit plus fortement que tout autre sur l'esprit humain, il en obtient des efforts prodigieux. Ainsi, par exemple, l'homme persuadé par ses dogmes religieux que c'est un grand avantage pour lui, qu'après sa mort son corps soit conservé dans toute l'intégrité possible, sans qu'aucune main indiscrète ou profanatrice puisse en approcher; cet homme, dis-je, après avoir épuisé l'art des embaumements, finira par construire les pyramides d'Egypte. En second lieu, le principe religieux déjà si fort par ce qu'il opère, l'est encore infiniment par ce qu'il empêche, à raison du respect dont il entoure tout ce qu'il prend sous sa protection. Si un simple caillou est consacré, il y a tout de suite une raison pour qu'il échappe aux mains qui pourraient l'égarer ou le dénaturer. La terre est couverte des preuves de cette vérité. *Les vases étrusques, par exemple, conservés par la religion des tombeaux, sont parvenus jusqu'à nous, malgré leur fragilité, en plus grand nombre que les monuments de marbre et de bronze des mêmes époques* (1).

(1) Mercure de France, 17 juin 1809, n° 413, pag. 679.

Voulez-vous donc *conserver* tout, *dédiez* tout.

LIX. La seconde règle, qui est celle des noms, n'est, je crois, ni moins claire ni moins décisive que la précédente. Si le nom est imposé par une assemblée; s'il est établi par une délibération antécédente, en sorte qu'il précède la chose; si le nom est pompeux (1), s'il a une proportion grammaticale avec l'objet qu'il doit représenter; enfin, s'il est tiré d'une langue étrangère, et surtout d'une langue antique, tous les caractères de nullité se trouvent réunis, et l'on peut être sûr que le nom et la chose disparaîtront en très peu de temps. Les suppositions contraires annoncent la légitimité, et par conséquent la durée de l'institution. Il faut bien se garder de passer légèrement sur cet objet. Jamais un véritable philosophe ne doit perdre de vue la langue, véritable baromètre dont les variations annoncent infailliblement *le bon et le mauvais temps.* Pour m'en tenir au sujet que je traite dans

(1) Ainsi, par exemple, si un homme autre qu'un souverain se nomme lui-même *législateur*, c'est une preuve certaine qu'il ne l'est pas; et si une assemblée ose se nommer *législatrice*, non-seulement c'est une preuve qu'elle ne l'est pas, mais c'est une preuve qu'elle a perdu l'esprit, et que dans peu elle sera livrée aux risées de l'univers.

ce moment, il est certain que l'introduction démesurée des mots étrangers, appliqués surtout aux institutions nationales de tout genre, est un des signes les plus infaillibles de la dégradation d'un peuple.

LX. Si la formation de tous les empires, les progrès de la civilisation et le concert unanime de toutes les histoires et de toutes les traditions ne suffisaient point encore pour nous convaincre, la mort des empires achèverait la démonstration commencée par leur naissance. Comme c'est le principe religieux qui a tout créé, c'est l'absence de ce même principe qui a tout détruit. La secte d'Épicure, qu'on pourrait appeler *l'incrédulité antique*, dégrada d'abord, et détruisit bientôt tous les gouvernements qui eurent le malheur de lui donner entrée. Partout *Lucrèce* annonça *César*.

Mais toutes les expériences passées disparaissent devant l'exemple épouvantable donné par le dernier siècle. Encore enivrés de ses vapeurs, il s'en faut de beaucoup que les hommes, du moins en général, soient assez de sang-froid pour contempler cet exemple dans son vrai jour, et surtout pour en tirer les conséquences nécessaires; il est donc bien essentiel de diriger tous les regards sur cette scène terrible.

LXI. Toujours il y a eu des religions sur la terre, et toujours il y a eu des impies qui les ont combattues : toujours aussi l'impiété fut un crime; car, comme il ne peut y avoir de religion fausse sans aucun mélange de vrai, il ne peut y avoir d'impiété qui ne combatte quelque vérité divine plus ou moins défigurée ; *mais il ne peut y avoir de véritable impiété qu'au sein de la véritable religion ;* et, par une conséquence nécessaire, jamais l'impiété n'a pu produire dans les temps passés les maux qu'elle a produits de nos jours; car elle est toujours coupable en raison des lumières qui l'environnent. C'est sur cette règle qu'il faut juger le XVIIIe siècle ; car c'est sous ce point de vue qu'il ne ressemble à aucun autre. On entend dire assez communément *que tous les siècles se ressemblent, et que tous les hommes ont toujours été les mêmes ;* mais il faut bien se garder de croire à ces maximes générales que la paresse ou la légèreté inventent pour se dispenser de réfléchir. Tous les siècles, au contraire, et toutes les nations, manifestent un caractère particulier et distinctif qu'il faut considérer soigneusement. Sans doute il y a toujours eu des vices dans le monde, mais ces vices peuvent différer en quantité, en nature, en qualité dominante et en intensité (1). Or, quoiqu'il y ait toujours eu des impies, jamais il n'y avait eu, avant le XVIIIe siècle, et au sein du christianisme, *une insurrection contre Dieu;* jamais surtout on avait vu une conjuration sacrilége de tous les talents contre leur auteur; or, c'est ce que nous avons vu de nos jours. Le vaudeville a blasphémé comme la tragédie; et le roman, comme l'histoire et la physique. Les hommes de ce siècle ont prostitué le génie à l'irréligion, et, suivant l'expression admirable de saint Louis mourant, ILS ONT GUERROYÉ DIEU ET SES DONS (2). L'impiété antique ne se fâche jamais; quelquefois elle raisonne; ordinairement elle plaisante, mais toujours sans aigreur. Lucrèce même ne va guère jusqu'à l'insulte; et

(1) Il faut encore avoir égard au mélange des vertus dont la proportion varie infiniment. Lorsqu'on a montré les mêmes genres d'excès en temps et lieux différents, on se croit en droit de conclure magistralement *que les hommes ont toujours été les mêmes.* Il n'y a pas de sophisme plus grossier ni plus commun.

(2) Joinville, dans la collection des Mémoires relatifs à l'histoire de France. In-8°, tom. II, p. 160.

quoique son tempérament sombre et mé-
lancolique le portât à voir les choses en noir,
et même lorsqu'il accuse la religion d'avoir
produit de grands maux, il est de sang-froid.
Les religions antiques ne valaient pas la
peine que l'incrédulité contemporaine se fâ-
chât contre elles.

LXII. Lorsque la *bonne nouvelle* fut pu-
bliée dans l'univers, l'attaque devint plus
violente : cependant ses ennemis gardèrent
toujours une certaine mesure. Ils ne se montrent dans l'histoire que de loin en loin et
constamment isolés. Jamais on ne voit de
réunion ou de ligue formelle : jamais ils ne
se livrent à la fureur dont nous avons été les
témoins. Bayle même, le père de l'incrédulité moderne, ne ressemble point à ses successeurs. Dans ses écarts les plus condam-
nables, on ne lui trouve point une grande
envie de persuader, encore moins le ton d'ir-
ritation ou de l'esprit de parti : il nie moins
qu'il ne doute; il dit le pour et le contre :
souvent même il est plus disert pour la bonne
cause que pour la mauvaise (1).

(1) Voyez, par exemple, avec quelle puissance de logique il a combattu le matérialisme dans l'article LEUCIPPE
de son dictionnaire.

LXIII. Ce ne fut donc que dans la première moitié du XVIII° siècle que l'impiété devint réellement une puissance. On la voit d'abord s'étendre de toutes parts avec une activité inconcevable. Du palais à la cabane, elle se glisse partout, elle infeste tout; elle a des chemins invisibles, une action cachée, mais infaillible, telle que l'observateur le plus attentif, témoin de l'effet, ne sait pas toujours découvrir les moyens. Par un prestige inconcevable, elle se fait aimer de ceux mêmes dont elle est la plus mortelle ennemie; et l'autorité qu'elle est sur le point d'immoler, l'embrasse stupidement avant de recevoir le coup. Bientôt un simple système devient une association formelle qui, par une gradation rapide, se change en complot, et enfin en une grande conjuration qui couvre l'Europe.

LXIV. Alors se montre pour la première fois ce caractère de l'impiété qui n'appartient qu'au XVIII° siècle. Ce n'est plus le ton froid de l'indifférence, ou tout au plus l'ironie maligne du scepticisme, c'est une haine mortelle; c'est le ton de la colère et souvent de la rage. Les écrivains de cette époque, du moins les plus marquants, ne traitent plus le christianisme comme une erreur humaine sans conséquence, ils le poursuivent comme un ennemi capital, ils le combattent à outrance; c'est une guerre à mort : et ce qui paraîtrait incroyable, si nous n'en avions pas les tristes preuves sous les yeux, c'est que plusieurs de ces hommes qui s'appelaient *philosophes*, s'élevèrent de la haine du christianisme jusqu'à la haine personnelle contre son divin Auteur. Ils le haïrent réellement comme on peut haïr un ennemi vivant. Deux hommes surtout qui seront à jamais couverts des anathèmes de la postérité, se sont distingués par ce genre de scélératesse qui paraissait bien au-dessus des forces de la nature humaine la plus dépravée.

LXV. Cependant l'Europe entière ayant été civilisée par le christianisme, et les ministres de cette religion ayant obtenu dans tous les pays une grande existence politique, les institutions civiles et religieuses s'étaient mêlées et comme amalgamées d'une manière surprenante; en sorte qu'on pouvait dire de tous les états de l'Europe, avec plus ou moins de vérité, ce que *Gibbon* a dit de la France, *que ce royaume avait été fait par des évêques.* Il était donc inévitable que la philosophie du siècle ne tardât pas de haïr les institutions sociales dont il ne lui était pas possible de séparer le principe religieux. C'est ce qui arriva : tous les gouvernements, tous les établissements de l'Europe lui déplurent, *parce* qu'*ils* étaient chrétiens; et *à mesure* qu'ils étaient chrétiens, un malaise d'opinion, un mécontentement universel s'empara de toutes les têtes. En France surtout, la rage philosophique ne connut plus de bornes; et bientôt une seule voix formidable se formant de tant de voix réunies, on l'entendit crier au milieu de la coupable Europe :

LXVI. « Laisse-nous (1)! Faudra-t-il donc
« éternellement trembler devant des prêtres,
« et recevoir d'eux l'instruction qu'il leur
« plaira de nous donner? La vérité, dans
« toute l'Europe, est cachée par les fumées
« de l'encensoir; il est temps qu'elle sorte de
« ce nuage fatal. Nous ne parlerons plus de
« toi à nos enfants; c'est à eux, lorsqu'ils se-
« ront hommes, à savoir si tu es, et ce que
« tu es, et ce que tu demandes d'eux. Tout
« ce qui existe nous déplaît, parce que ton
« nom est écrit sur tout ce qui existe. Nous

---

(1) *Dixerunt Deo :* RECEDE A NOBIS! *Scientiam via-rum tuarum nolumus.* Job, XXI, 14.

« voulons tout détruire et tout refaire sans
« toi. Sors de nos conseils ; sors de nos acadé-
« mies ; sors de nos maisons : nous saurons
« bien agir seuls , la raison nous suffit.
« Laisse-nous. »

Comment Dieu a-t-il puni cet exécrable
délire ? Il l'a puni comme il créa la lumière,
par une seule parole. Il a dit : FAITES! —
Et le monde politique a croulé.

Voilà donc comment les deux genres de
démonstrations se réunissent pour frapper
les yeux les moins clairvoyants. D'un côté,
le principe religieux préside à toutes les
créations politiques; et, de l'autre, tout dis-
paraît dès qu'il se retire.

LXVII. C'est pour avoir fermé les yeux à
ces grandes vérités que l'Europe est coupable, et c'est parce qu'elle est coupable qu'elle
souffre. Cependant elle repousse encore la
lumière, et méconnaît le bras qui la frappe.
Bien peu d'hommes, parmi cette génération
matérielle, sont en état de connaître la *date*,
la *nature* et l'*énormité* de certains crimes
commis par les individus, par les nations
et par les souverainetés; moins encore de
comprendre le genre d'expiation que ces crimes nécessitent, et le prodige adorable qui

force le mal à nettoyer de ses propres mains
la place que l'éternel architecte a déjà mesu-
rée de l'œil pour ses merveilleuses construc_
tions. Les hommes de ce siècle ont pris leur
parti. *Ils se sont juré à eux-mêmes de regarder toujours à terre* (1). Mais il serait inutile,
peut-être même dangereux, d'entrer dans
de plus grands détails : il nous est enjoint
de professer la vérité avec amour (2). Il faut
de plus, en certaines occasions, ne la professer qu'avec respect; et, malgré toutes les
précautions imaginables, le pas serait glissant
pour l'écrivain même le plus calme et le mieux
intentionné. Le monde, d'ailleurs, renferme
toujours une foule innombrable d'hommes
si pervers, si profondément corrompus, que,
s'ils pouvaient se douter de certaines choses,
ils pourraient aussi redoubler de méchanceté,
et se rendre, pour ainsi dire, coupables
comme des anges rebelles : ah ! plutôt, que
leur abrutissement se renforce encore, s'il
est possible, afin qu'ils ne puissent pas

(1) *Oculos suos statuerunt declinare in terram.*
Ps. XVI. 2.

(2) Ἀληθεύοντες ἐν ἀγάπῃ. Ephes. IV. 15. Expression in-
traduisible.. La Vulgate aimant mieux, avec raison,
parler juste que parler latin, a dit : *Facientes verita-
tem in charitate.*

même devenir coupables autant que des hommes peuvent l'être. L'aveuglement est sans doute un châtiment terrible ; quelquefois cependant il laisse encore apercevoir l'amour : c'est tout ce qu'il peut être utile de dire dans ce moment.

Mai, 1809.

FIN.

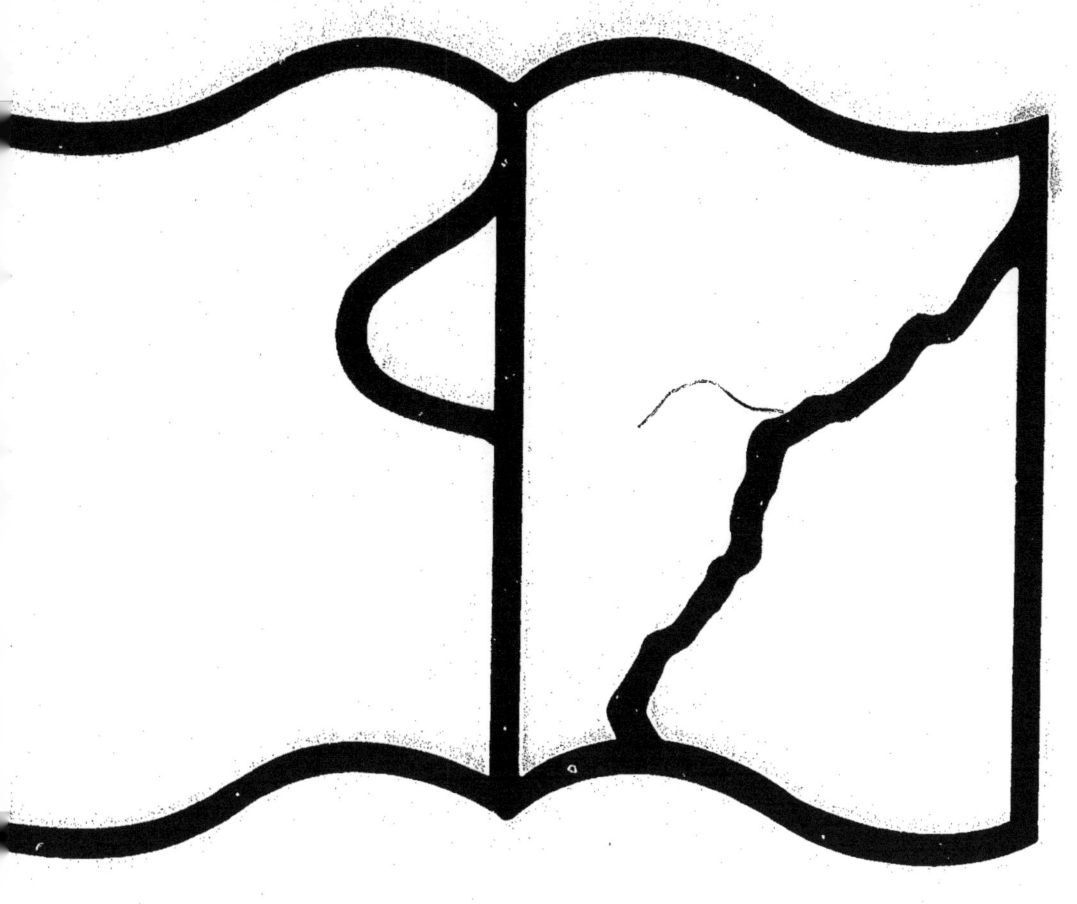

Texte détérioré — reliure défectueuse

NF Z 43-120-11

www.ingramcontent.com/pod-product-compliance
Ingram Content Group UK Ltd.
Pitfield, Milton Keynes, MK11 3LW, UK
UKHW020326130726
13696UKWH00003B/1169